Das System der **POLYGLOTT** Sterne

Auf Ihrer Reise weisen Ihnen die Polyglott-Sterne den Weg zu den bedeutendsten Sehenswürdigkeiten aus Natur und Kultur. Für die Vergabe orientieren sich Autoren und Redaktion am UNESCO-Welterbe.

*** eine Reise wert   ****** einen Umweg wert   ***** sehr sehenswert

Unsere Preissymbole bedeuten:

Hotel (DZ)		Restaurant (Menü)	
●●●	ab 20 000 Yen	●●●	ab 4000 Yen
●●	13 000–20 000 Yen	●●	1500–4000 Yen
●	bis 13 000 Yen	●	bis 1500 Yen

Wechselkurs:

100 Yen	ca. 0,80 €	100 Yen	ca. 1,18 CHF
1 €	ca. 125 Yen	1 CHF	ca. 85 Yen

10 **Koraku-en, Okayama**

Seite 115

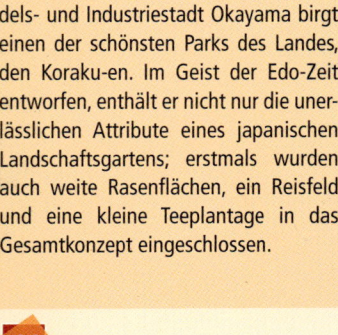

Die sonst wenig bemerkenswerte Handels- und Industriestadt Okayama birgt einen der schönsten Parks des Landes, den Koraku-en. Im Geist der Edo-Zeit entworfen, enthält er nicht nur die unerlässlichen Attribute eines japanischen Landschaftsgartens; erstmals wurden auch weite Rasenflächen, ein Reisfeld und eine kleine Teeplantage in das Gesamtkonzept eingeschlossen.

11 **Miyajima** Seite 121

Vor der Küste Hiroshimas liegt die kleine Insel Itsukushima in der idyllischen Inlandsee. Nach dem ins Meer ragenden Shinto-Heiligtum mit seinem gewaltigen roten Torii wird sie meist einfach Miyajima – Schreininsel – genannt. Im Frühjahr blühen am Hang die Kirschbäume, im Herbst leuchtet der rote Ahorn, aber auch zu weniger spektakulären Jahreszeiten ist ein Spaziergang durch den kleinen Ort und seine Umgebung ein beglückendes Erlebnis.

12 **Aso-Kuju-Nationalpark**

Seite 135

Inmitten der immergrünen Bergwelt Kyushus ragt die Caldera des Aso-san auf, eines der größten aktiven Vulkane der Welt. Mit Bus und Seilbahn kann man bis an den rauchenden Rand des über 1500 m hohen Sekundärvulkans Naka-dake gelangen. Markierte Wanderwege führen durch die dramatische Mondlandschaft.

Japan

Die Autoren

Dr. Norbert Hormuth

arbeitete nach seinem Studium der Literaturwissenschaft, Geschichte, Philosophie und Psychologie mehrere Jahre in Japan, wo er v.a. an der Universität Kumamoto deutsche Literatur und Sprache lehrte. Zahlreiche Bücher bezeugen seine intensive Beschäftigung mit dem Land, das er privat und als Studienreiseleiter immer wieder besucht.

Dr. Bernhard Kleinschmidt

arbeitete fünf Jahre als Lektor an der Waseda-Universität in Tokyo. Auf vielen Reisen lernte er auch entlegene Winkel Japans kennen. Intensiv auseinandergesetzt hat er sich mit dem Zen-Buddhismus. Als Reiseleiter kommt er regelmäßig ins Land.

Reiseplanung

Land & Leute

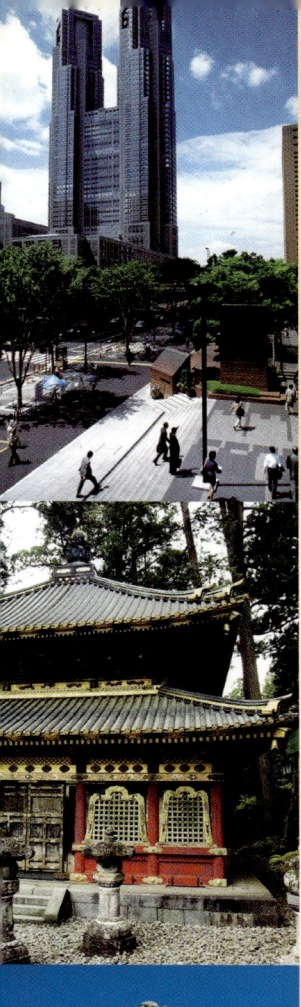

POLYGLOTT

1 **Tokyo Tocho**

Das »Rathaus« von Tokyo, eigentlich der Verwaltungssitz der gleichnamigen Präfektur, ist ein Spätwerk von Tange Kenzo. Schon das Gebäude selbst ist eindrucksvoll; noch mehr gilt das für den Blick von den Aussichtsetagen in der Spitze der beiden Türme: das Panorama aus Häusern und Straßen, das sich bis zum Horizont ausbreitet, fasziniert bei Tag und Nacht.

2 **Nikko**

Ein japanisches Wortspiel lautet: Nur der kann »kekko« (»herrlich«) sagen, der Nikko gesehen hat. Tatsächlich kommt kein anderes japanisches Ensemble der Pracht der Schrein- und Tempelbauten gleich. Bunte Farben, viel Gold und reiches Schnitzwerk schmücken die barock anmutende Architektur. Der Wald aus uralten, riesigen Kryptomerien, der die Wege rahmt, lässt eine feierliche Stimmung entstehen.

3 **Daibutsu von Kamakura**

Zwei gewaltige Bronzebuddhas gibt es in Japan, der in Kamakura ist nicht nur bekannter, sondern auch von einer freundlicheren Aura umgeben als sein düsteres Gegenstück in Nara. Schon vor langer Zeit durch eine Flutwelle seines Tempels entledigt, sitzt er unter freiem Himmel vor den grünen Hügeln der Stadt. Kaum jemand kann sich seinem ehrwürdigen Charme entziehen.

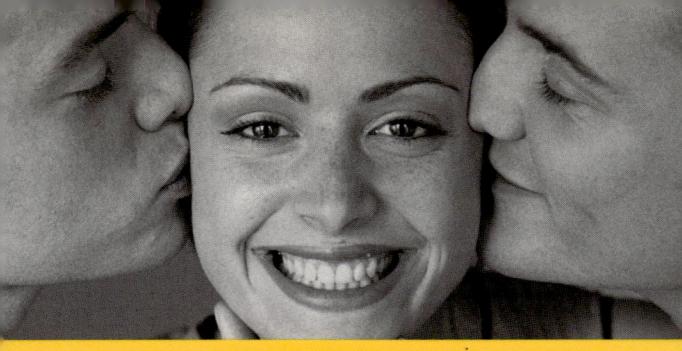

Sprachen **verbinden**

Langenscheidt Universal-Wörterbücher

Ideal zum schnellen Nachschlagen auf der Reise und im Alltag:

- bis zu über 36.000 Stichwörter und Wendungen
- aktueller Wortschatz, übersichtlich gestaltet
- Extras: Feiertage, Mini-Dolmetscher, Speisekarte, Reisetipps

Langenscheidt Universal-Wörterbücher gibt es für 30 Sprachen.

Langenscheidt
...weil Sprachen verbinden

Top 12

4 **Fuji-Hakone-Nationalpark**

Seite 77

Überragt vom meist schneegekrönten Vulkankegel des heiligen Berges Fuji breitet sich eine weite, zerklüftete Hochebene aus. An manchen Stellen treten schweflige Dämpfe aus dem Boden, überall sprudeln heiße Quellen, die man für gemütliche Thermalbäder nutzt.

5 **Takayama Jinya** Seite 80

Mitten in den Bergen, die das Rückgrat der Insel Honshu bilden, liegt die alte Handwerker- und Kaufmannsstadt Takayama, die sich in Teilen noch die Atmosphäre der Edo-Zeit bewahrt hat. Aus dieser Epoche stammt auch der Takayama Jinya, ein Amtsgebäude, das exemplarisch die Eigenschaften der japanischen Architektur mit ihrer Durchdringung von innen und außen vermittelt.

6 **Sanju-sangendo, Kyoto**

Seite 92

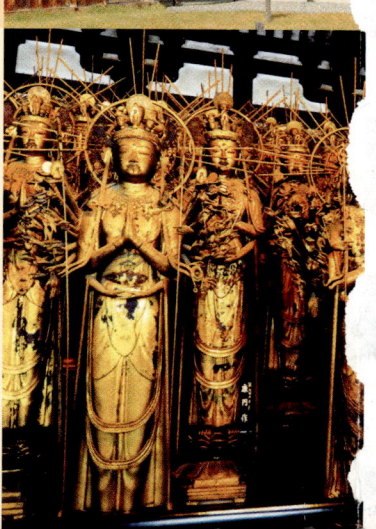

Das lang gestreckte, eher nüchtern aussehende Gebäude dieses Tempels birgt ein glanzvolles Skulpturenarrangement. 1001 mit Gold und Strahlenkränzen geschmückte Figuren der Gnadengottheit Kannon stehen stufenförmig aufgereiht vor dem Betrachter. Wie die expressiven Statuen des Wind- und des Donnergottes, die man daneben bewundern kann, sind sie Meisterwerke der Kamakura-Zeit.

POLYGLOTT on tour

Japan

NEU

Sinnbild der Ruhe: Buddhafigur in Kamakura][Schrille Hektik: Tokyo][Traditionell: Baden in heißen Quellen

7 Kinkaku-ji, Kyoto Seite 97

Wenn es einen definitiven Programmpunkt jeder Japanreise gibt, dann ist es der »Goldene Pavillon«, eine einstige Adelsvilla, die nach dem Tod ihres Erbauers zum Tempel umgewidmet wurde. Trotz der Besuchermassen, die durch den herrlichen Paradiesgarten strömen, strahlt der Bau eine noble, zeitlose Eleganz aus.

8 Horyu-ji Seite 102

Die älteste erhaltene Klosteranlage des Landes gilt als die Wiege des japanischen Buddhismus und des vom nahen Nara aus organisierten kaiserlichen Zentralstaates. Hinter mächtigen Lehmmauern stehen ganz aus Holz errichtete Gebäude, die teilweise seit dem 7. Jahrhundert allen Taifunen und Erdbeben trotzen. Im Dunkel der Tempelhallen leuchten die Umrisse vom Alter geschwärzter Skulpturen auf.

9 Burg von Himeji Seite 114

Die größte und am besten erhaltene Feudalburg Japans ist schon von weit her auf einem Hügel über der Stadt zu sehen. Umfangreiche und mit Sorgfalt ausgeführte Restaurierungsarbeiten an dem verschachtelten Gebäude mit Türmen und Wehrgängen ermöglichen aufschlussreiche Eindrücke von der Funktion und Militärtechnik einer Festung in den bewegten Zeiten der Feudalkriege des 16. und 17. Jahrhunderts.

Unterwegs in Japan

Tokyo und Osthonshu

Japans Hauptstadt vibriert vor urbaner High-Tech-Betriebsam-
keit, Kamakura und Nikko halten alte Kulturschätze bereit, und
die Naturschönheiten des Fuji-Hakone-Nationalparks gehören
zu den Höhepunkten jeder Japanreise. Ein Stück altes Japan findet man in abgelegeneren Städten wie Takayama oder Kanazawa.

Kyoto, Osaka und Umgebung

Kansai ist die Wiege der japanischen Kultur. Die alte Hauptstadt
Kyoto gilt als Juwel ganz Ostasiens, von Nara und dem Tempel
Horyu-ji aus verbreitete sich der Buddhismus in Japan, der Ise-
Schrein ist das wichtigste Shinto-Heiligtum des Landes.

Karten

Reiseplanung

Die Reiseregion im Überblick][Die schönsten
Touren][Klima und Reisezeit][Anreise][Reisen
im Land][Sport und Aktivitäten][Unterkunft

Die Reiseregion im Überblick

Zu den Megastädten des 21. Jahrhunderts gehört die japanische Metropole **Tokyo**, in deren Ballungsraum, der Region Kanto, etwa 37 Millionen Menschen leben. Schon das wohl effizienteste Nahverkehrssystem der Welt, mit dem sich diese Masse zwischen Heim und Arbeits- oder Ausbildungsstätte bewegt, ist ein Erlebnis. Den ständigen Wandel dokumentiert eine Reihe hypermoderner Subzentren mit architektonischen Highlights, nachts verwandeln sich die Ausgehviertel in ein buntes Neonmeer. Daneben finden sich auch Inseln der Ruhe wie der üppig grüne Park des Meiji-Schreins.

Von der Hauptstadt aus leicht erreichbar sind die großen Sehenswürdigkeiten Osthonshus: der alte Regierungssitz Kamakura am Meer mit seiner ebenso liebenswürdigen wie monumentalen Bronzestatue des Amida-Buddha, die opulent geschmückten Schreine von Nikko im Norden sowie die dramatische Landschaft rund um den Fuji-san. Weg von den ausgetretenen Pfaden führt eine Reise durch das gebirgige Innere der Insel Honshu bis zum Japanischen Meer.

Die alte Kaiserresidenz **Kyoto** und die lebendige Millionenstadt **Osaka** bilden die touristischen Fixpunkte von Kansai, der zweiten großen

Kultur, Landschaft, Urbanität

Japan ist ein Land, in dem viele Reiseinteressen zum Tragen kommen können. Es ist daher sinnvoll, sich im voraus Gedanken zu machen, welchen Schwerpunkt man setzen möchte. Interessiert man sich in erster Linie für das breite Spektrum der traditionellen Kultur, sollte man Kyoto zum Mittelpunkt der Reise machen. Die alte Hauptstadt ist nicht nur bestens dazu geeignet, sich abseits der teils sehr überlaufenen Hauptsehenswürdigkeiten eigene, ruhigere Wege zu suchen, von hier sind auch eine Fülle weiterer Ziele leicht zu erreichen, zum Beispiel die Burg von Himeji, die Schreininsel Miyajima und der Tempelberg Koya-san.

Die ausgesprochen abwechslungsreiche, vulkanisch geprägte Landschaft kann man schon bei Ausflügen von Tokyo aus erleben. Wesentlich ruhiger erschließt sich das ländliche Japan jedoch auf Fahrten durch die Mitte Honshus ans Japanische Meer und auf der von Landwirtschaft geprägten Insel Kyushu.

Tokyo und Osaka, beides ausufernde Millionenstädte, sind faszinierende Beispiele für die urbane Entwicklung Asiens im 21. Jahrhundert. Freunde von Manga, Neon und postmoderner Architektur können hier in eine ganz dem Augenblick gewidmete Welt eintauchen.

Die gewaltige Burg von Himeji in Westhonshu

Wirtschaftsregion Japans, die zugleich die Wiege der japanischen Kultur darstellt. Allein in Kyoto könnte man eine ganze Woche damit verbringen, Tempel, Villen und Gärten zu erkunden. Im Umkreis von Nara, der ersten Hauptstadt des Landes, finden sich die ältesten Holzbauten der Welt; ein Ausflug auf Tempelberg Koya-san führt zu den Ursprüngen des japanischen Buddhismus und in eine grüne Landschaft, in der die Ruhe vergangener Jahrhunderte erfahrbar wird. Eine harmonische Verbindung von Kultur und Natur vermitteln auch die archaischen Schreine von Ise inmitten eines dichten Blätterdachs.

Entlang der idyllischen Inlandsee mit ihren zahllosen Inseln und Inselchen liegen die Highlights von **Westhonshu:** die gewaltige Burg von Himeji, Schauplatz vieler Samurai-Filme, der weitläufige Landschaftsgarten von Okayama und nicht zuletzt Hiroshima mit seinem Friedenspark und der nahen Schreininsel Miyajima. Eine Reise durch die unerwartet einsamen Hügel nördlich von Okayama führt ans Japanische Meer, wo es spektakuläre Küstenformationen und eine der wichtigsten und ältesten sakralen Anlagen Japans zu bewundern gibt.

Abseits der üblichen Route liegt **Kyushu**, das als südlichste der vier Hauptinseln ein mildes, im Sommer deutlich subtropisches Klima aufweist. Die dramatisch zerklüftete Küstenlinie, eine große Keramiktradition und Städte von historischer Bedeutung wie Nagasaki oder Kumamoto prägen den Westen Kyushus. Im Landesinneren beeindruckt die Vulkanlandschaft des Aso-Nationalparks, während im Osten, an der Pazifikküste, die Stadt Beppu eines der größten Thermalbäder in einem Land ist, in dem fast überall heiße Quellen aus dem Boden sprudeln.

Die schönsten Touren

Japan zum Kennenlernen in zwei Wochen

——①—— Tokyo ❯ Nikko ❯ Kamakura ❯ Region um den Fuji ❯ Hiroshima ❯ Himeji ❯ Kyoto

Distanzen:
Tokyo ❯ Nikko 2 Std. per Bahn **Tokyo ❯ Kamakura** 1 Std. per Bahn **❯ Region um den Fuji** ca. 2 Std. per Bahn und Bus **❯ Hiroshima** 6 Std. per Bus und Bahn **❯ Himeji** 1 Std. per Bahn **❯ Kyoto** 1 Std. per Bahn

Verkehrsmittel:
Die meisten Strecken deckt der JR-Railpass ❯ S. 18 ab; wo möglich, sollte der Shinkansen-Superschnellzug verwendet werden. Für die Fahrt nach Nikko ist auch der Express der Tobu-Nikko-Linie ab Bahnhof Asakusa eine gute Alternative. Die Region um den Fuji ist von den Shinkansen-Bahnhöfen Odawara, Mishima und Shin-Fuji aus mit Bussen und verschiedenen Kleinbahnen erreichbar.

Diese Reise bietet einen guten Überblick über alle Facetten Japans. Wer sich mehr für die traditionelle Kultur interessiert, kann den Aufenthalt in Tokyo um einen Tag verkürzen und dafür länger in Kyoto bleiben.

Die Flüge aus Europa kommen morgens an, sodass man nach dem Transfer noch Zeit für einen ersten Bummel durchs Gewühl der Metropole ****Tokyo** ❯ S. 58 hat, am besten in der Nähe des Hotels. Der zweite Tag dient der Erkundung der Hauptstadt, wobei auch ein erholsamer Spaziergang in einem Park eingeplant werden sollte. Um von der Fülle der Eindrücke nicht überrollt zu werden, nutzt man den folgenden Tag zu einem Ausflug nach *****Nikko** ❯ S. 69 mit seinen opulenten Schreinen inmitten gewaltiger Kryptomerien (Japan-Zedern).

Ein weiterer Tag im Häusermeer von Tokyo schließt sich an, gefolgt von der kurzen Zugfahrt ans Meer, in den alten Regierungssitz *****Kamakura** ❯ S. 72. Hier fällt die Auswahl unter den idyllisch am Rand der grünen Hügel gelegenen Tempel nicht leicht, auf jeden Fall bestaunen sollte man den *****Großen Buddha** (Daibutsu) ❯ S. 75, eines der Wahrzeichen Japans.

Wer nicht noch eine Nacht in Tokyo verbringen kann oder möchte, befindet sich jetzt schon auf dem richtigen Weg in die Region rund um den *****Fuji-san** › S. 77, den heiligen (und höchsten) Berg Japans. Nicht nur die traditionellen Ryokan, auch die Hotels westlichen Stils locken mit oft sehr hübsch gestalteten Thermalbädern. Mit dem Shinkansen geht es nun direkt zum westlichsten Punkt der Reise, nach **Hiroshima** › S. 117. Zwei sehr gegensätzliche Erlebnisse erwarten Sie hier, der Besuch des einfühlsam gestalteten **Friedensparks** › S. 118 und ein Ausflug auf die idyllische Schreininsel *****Miyajima** › S. 121 in der Inlandsee. Auf der Rückfahrt nach Osten sollte man einen Zwischenstopp in **Himeji** › S. 114 einlegen, um die prächtige *****Burganlage** zu sehen. Dann geht es weiter in die alte Hauptstadt *****Kyoto** › S. 88. Zu den Höhepunkten einer zweitägigen Besichtigung zählen der *****Goldene Pavillon** (Kinkaku-ji) › S. 97 und der Steingarten des Tempels *****Ryoan-ji** › S. 96, außerdem bieten sich ideale Gelegenheiten zum Shopping. Man könnte noch einen weiteren Tag hier verbringen, wäre da nicht der Ausflug in das nur eine Stunde entfernte *****Nara** › S. 100, dessen gewaltige Tempelbauten man nicht versäumen sollte.

Der Rückflug erfolgt möglichst direkt vom internationalen Flughafen von Osaka, der vom Hauptbahnhof Kyotos aus mit Bussen und Expresszügen problemlos erreichbar ist.

Japan für Genießer in drei Wochen

② Tokyo › Nikko › Kamakura › Matsumoto › Kanazawa › Takayama › Ise › Hiroshima › Kyoto

Distanzen:
Tokyo › Nikko 2 Std. (alle Strecken per Bahn); **Tokyo › Kamakura** 1 Std.; › **Tokyo › Matsumoto** 2 ½ Std. › **Kanazawa** 4 Std. › **Takayama** 2 Std. › **Ise** 4 Std. › **Hiroshima** 4 Std. › **Himeji** 1 Std. › **Kyoto** 1 Std.

Verkehrsmittel:
Diese Bahnreise führt auf teils gewundenen Strecken durch wunderschöne Berglandschaften, ist allerdings gelegentlich mit mehrfachem Umsteigen verbunden. Auf unhandliche Gepäckstücke sollte also verzichtet werden. Theoretisch gilt auf allen Strecken der JR-Railpass; unter Umständen ist es jedoch günstiger, die Strecke von Nagoya nach Ise mit der nicht eingeschlossenen Kintetsu-Bahn zurückzulegen. Von Nagoya bis Hiroshima befindet man sich auf der Achse des Shinkansen-Verkehrs.

Fußgängerströme überqueren die große Straßenkreuzung mitten im Stadtviertel Shibuya in Tokyo

Ein wenig Unternehmungslust ist schon gefordert auf dieser Route, die durch die Fahrt über die Berge ans Japanische Meer deutlich von dem üblichen Schema abweicht.

Ganz traditionell beginnt die Reise mit 2–3 Tagen ****Tokyo** › S. 58. Beachten Sie die Wettervorhersage, an schönen Tagen kann man das Häusermeer am besten schon morgens vom Rathaus oder dem Mori Tower aus von oben betrachten. Tagesausflüge nach *****Nikko** › S. 69 und *****Kamakura** › S. 72 führen zu den prächtigsten Schreinen Japans und in das alte Zentrum des Zen-Buddhismus am Meer.

Eisenbahnfreunde werden die nun folgende Tour durch die Berge ans Japanische Meer und wieder zurück an den Pazifik besonders genießen. Alle Strecken führen, teils originell gewunden, durch herrliche, landwirtschaftlich genutzte Täler zwischen dicht bewaldeten Hängen. Erste Station ist das in einem weiten Tal gelegene **Matsumoto** › S. 79 mit der wohl stimmungsvollsten ****Burg** Japans. Wer sich etwas mehr Zeit nehmen will, kann einen Ausflug in die Bergwelt von Utsukushigahara oder Kamikochi machen.

Am besten nicht über Nagano, sondern mit der idyllischen Oito-Linie erreichen Sie bei Itoigawa das Japanische Meer und fahren an der Küste entlang nach **Kanazawa** › S. 81. Nehmen Sie sich genügend Zeit für einen ausführlichen Spaziergang durch das historische Viertel und den ****Kenroku-en**, einen der drei bekanntesten Landschaftsgärten Japans. Naturliebhaber machen einen Ausflug auf die zerklüftete **Noto-Halbinsel** › S. 82.

Wieder inmitten der Berge liegt **Takayama** › S. 80, eine ausgesprochen sympathische kleine Stadt. Spazieren Sie über den Morgenmarkt am Fluss, sehen Sie sich in der historischen Ladenstraße nach Kunsthandwerk um und kosten Sie abends das zarte Rindfleisch der Gegend.

Durch ein enges Felstal geht es abwärts nach Nagoya und von dort gleich weiter zu den Schreinen von ****Ise** › S. 103, dem wichtigsten Shinto-Heiligtum des Landes. Für Schmuck-Enthusiasten lohnt sich ein Ausflug zur Zentrale der Perlendynastie Mikimoto. In Nagoya besteigen Sie zum ersten Mal den Shinkansen, der sie zum westlichsten Punkt Ihrer Reise bringt, nach **Hiroshima** › S. 117. Bei guter Sicht lohnt sich auf der nahen Schreininsel *****Miyajima** › S. 121 der Aufstieg auf den Gipfel (Hin- und Rückweg ca. 3–4 Stunden); weniger Wanderfreudige nehmen die Seilbahn. Auf dem Rückweg lockt auf jeden Fall die *****Burg von Himeji** › S. 114, eventuell auch ein ausgiebiger Spaziergang durch den idyllischen Landschaftsgarten *****Koraku-en** von **Okayama** › S. 115. In *****Kyoto** › S. 88 bleiben dann noch einige Tage zur intensiven Erkundung von Tempeln, Schreinen und Gärten und einem Ausflug zum Großen Buddha von *****Nara** › S. 100.

Der Rückflug erfolgt von Osaka, möglichst direkt, aber auch ein Umsteigen in Tokyo ist ohne Weiteres möglich.

Von Osaka in den Westen in drei Wochen

③ Osaka › Nara › Kyoto › Himeji › Okayama › Hiroshima › Fukuoka › Nagasaki › Kumamoto › Beppu › Osaka

Distanzen:
Osaka › Nara 1 Std. (alle Strecken per Bahn, falls nicht anders angegeben) › **Kyoto** 1 Std. › **Himeji** 1 Std. › **Okayama** 30 Min. › **Hiroshima** 40 Min. › **Fukuoka** 1 Std. › **Nagasaki** 2 Std. › **Kumamoto** 2 ½ Std. per Bahn und Fähre › **Beppu** 4 Std. per Bus › **Osaka** 4 Std.

Verkehrsmittel:
Alle größeren und die meisten kleineren Strecken werden mit den Bahnen der JR zurückgelegt; am Anfang kann es sich im Großraum Kyoto/Osaka aber lohnen, auf andere Linien auszuweichen, wenn man dadurch mit einem Japan Railpass für 2 Wochen auskommt. Auf Kyushu steigt man einmal in eine kleine Lokalbahn um, dann folgt eine kurze Fahrt mit der Fähre. Die Strecke von Kumamoto durch den Aso-Nationalpark nach Beppu legen Sie per Bus zurück.

Vom Kiyomizu-dera bietet sich ein wunderbarer Blick über Kyoto

Bewusst verzichtet diese Tour auf einen Besuch von Tokyo und Umgebung und konzentriert sich auf den japanischen Westen. Wenn Sie sich für diese Route entscheiden, werden Sie zwar manches nicht gesehen haben, was zum gängigen Standard gehört, die dramatische Landschaft Kyushus wiegt das aber durchaus auf.

Nach der Ankunft in **Osaka** ❭ S. 104 können Sie sich abends gleich ins neonbunte Getümmel von Japans zweitgrößter Metropole stürzen. Am nächsten Tag lohnt sich ein Besuch der zwar in moderner Zeit nachgebauten, aber dennoch imposanten ***Burg** ❭ S. 104 und des faszinierenden ***Aquariums Kaiyukan** ❭ S. 105 im postmodernen Hafenviertel.

Wer sich intensiver mit den Anfängen der japanischen Hochkultur beschäftigen will, macht schon von Osaka aus einen Ausflug zum uralten Tempelbezirk *****Horyu-ji** ❭ S. 102. Sonst reicht ein Tag für einen ausführlichen Rundgang durch *****Nara** ❭ S. 100, wo in einem gewaltigen Holzbau der größte Bronze-Buddha des Landes residiert.

Historisch passend geht es weiter nach *****Kyoto** ❭ S. 88, das 794 Nara als Hauptstadt ablöste. Im weitläufigen Areal des Zen-Klosters ****Daitoku-ji** ❭ S. 97 bekommt man nicht nur eine Ahnung von der Strenge der Praxis des Zen-Buddhismus, es locken auch reizende Gartenanlagen.

Wenn Sie früh aufstehen und sich zwei Höhepunkte an einem Tag zumuten wollen, machen Sie auf der Weiterfahrt Zwischenstopps an der *****Burg von Himeji** ❭ S. 114 und in **Okayamas** prächtigem Landschaftsgarten *****Koraku-en** ❯ S. 115. Keramik-Enthusiasten werfen einen Blick in einige der vielen Töpfereien von Imbe, der Heimat des rauen Bizen-Stils; ein hübscher Abstecher ist auch die Altstadt von **Kurashiki** ❯ S. 116.

Von Okayama ist es nicht weit nach **Hiroshima** ❯ S. 117. Einen ganzen Tag sollte man für die Besichtigung der Stadt einplanen, einen weiteren für den Ausflug nach *****Miyajima** ❯ S. 121.

Fukuoka ❯ S. 127 ist mit seinem Bahnhof Hakata die Endstation des Shinkansen. Die moderne Großstadt hat neben interessanter urbaner Architektur auch einen der ältesten Zen-Tempel Japans zu bieten. Auf der Weiterfahrt lohnt ein Stopp in einer der Töpferstädte **Karatsu** oder **Arita** ❯ S. 128 im Westen, bevor **Nagasaki** ❯ S. 129 erreicht wird. Viele Jahrhunderte lang diente die Stadt als Tor zu China und Europa, was seine Spuren hinterlassen hat.

Über die ländliche **Shimabara-Halbinsel** ❯ S. 131 gelangen Sie zur Fähre nach **Kumamoto** ❯ S. 131, einer sympathisch lebendigen Stadt mit einer besonders eindrucksvollen Festung. Der Ort ist Ausgangspunkt für die Erkundung des **Aso-Kuju-Nationalparks** ❯ S. 134, der mit dem ****Aso-san** den größten Vulkankrater der Welt umfasst.

Eventuell mit einem Abstecher zu der archaischen Shinto-Kultstätte von **Takachiho** ❯ S. 135 geht es mit dem Bus quer über die Insel nach **Beppu** ❯ S. 135, einem großen Thermalbad, wo die vulkanischen Kräfte zum Badevergnügen genutzt werden.

Der Expresszug und später der Shinkansen bringen Sie wieder zurück nach **Osaka** ❯ S. 104. Hier ist noch Zeit zum Shoppen. Ein schöner Abschluss ist ein Abend im Bunraku-Puppentheater.

Touren in den Regionen

Touren	Region	Dauer	Seite
Metropole und Mittelalter	Tokyo/Osthonshu	3 Tage	54
Vom Großen Buddha zum Fuji	Tokyo/Osthonshu	3–4 Tage	54
Zum Japanischen Meer	Tokyo/Osthonshu	4–5 Tage	55
Im alten Zentrum Japans	Kyoto/Osaka	3–4 Tage	85
Zu den Ursprüngen	Kyoto/Osaka	2 Tage	85
Kansai gestern und heute	Kyoto/Osaka	3 Tage	86
Entlang der Inlandsee	Westhonshu	3 Tage	111
Hügel und Schreine	Westhonshu	3 Tage	113
Nagasaki und der Westen	Kyushu	4 Tage	125
Vulkane und heiße Quellen	Kyushu	3 Tage	126

Klima und Reisezeit

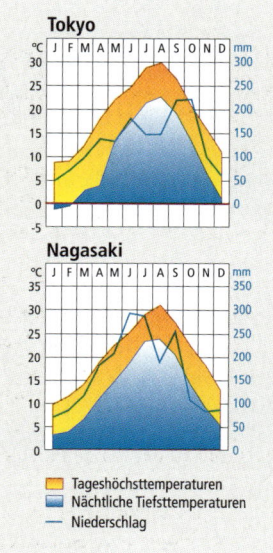

Tokyo

Nagasaki

- ☐ Tageshöchsttemperaturen
- ☐ Nächtliche Tiefsttemperaturen
- — Niederschlag

Das Staatsgebiet Japans umfasst drei Klimazonen, wobei der überwiegende Teil des Landes gemäßigter bis – im Sommer – feuchtheißer Natur ist. Von diesem Schema weichen nur das kühle Hokkaido im Norden und die subtropische Inselwelt der Präfektur Okinawa ganz im Süden ab.

Die hier beschriebenen Regionen der Inseln Honshu und Kyushu unterscheiden sich insofern, als es auf Kyushu im Winter deutlich milder und im Sommer heißer ist. Bei Reisen in die Berge ist zu bedenken, dass es aufgrund der Höhe auch in der Übergangszeit noch empfindlich kühl werden kann.

Die ersten Monate des Jahres sind relativ trocken, für eine Reise aber aufgrund der winterlichen Natur weniger zu empfehlen. Ende März/Anfang April beginnt die Saison mit der betörenden Pracht der Kirschblüte. Im Mai ist es angenehm warm, im Juni beginnt die sogenannte Regenzeit mit trübem und schwülem Wetter. Juli und August sind heiß-feucht, was das Reisen ziemlich anstrengend macht. Zudem herrscht dann die Taifun-Saison, die gelegentlich kräftige Niederschläge bringt. In dieser Zeit lockt allerdings der Fuji zur Besteigung. Anfang

Feiertagsverkehr

Kurzreisen im Land sind in Japan äußerst beliebt. Zu bestimmten Zeiten ist es daher ratsam, rechtzeitig die Unterkunft zu buchen und bei der Planung der Zugfahrten flexibel zu sein. Das gilt besonders für die Zeit um Neujahr, die als »Golden Week« bezeichnete Woche mit mehreren Feier- und Brückentagen im Mai und das Sommerfest O-Bon (❯ S. 137). Ein besonders beliebtes Ziel zur Kirschblütenzeit ist Kyoto; da der Zeitpunkt der Hochblüte aber jedes Jahr je nach der Wetterlage variiert, ist eine punktgenaue Planung weit im Voraus nicht möglich.

Oktober endet die Taifun-Saison. Oktober und November sind angenehm mild und bieten die überwältigende Farbpalette der herbstlichen Wälder. Auch der Dezember ist ein guter Reisemonat, allerdings sind dann die Tage recht kurz und die Abende ziemlich kühl.

Anreise

Zielflughäfen aller Ferntouristen sind der **Narita International Airport** (www.narita-airport.jp) bei Tokyo oder der **Kansai International Airport** bei Osaka (www.kansai-airport.or.jp). Alle großen Airlines fliegen Tokyo und Osaka an.

Die City von Tokyo ist von Narita aus bequem mit dem **JR Narita Express** (NEX, 50 Min. bis zum Hauptbahnhof, 75 Min. bis Shinjuku, direkte Verbindung auch nach Yokohama) oder mit dem **Keisei Skyliner** (ca. 1 Std. bis Bahnhof Ueno, dort U- und S-Bahnanschluss) zu erreichen. Beide Züge sind reservierungspflichtig. Bewährt ist der **Airport Limousine Bus,** der zwar länger unterwegs ist, dafür aber alle großen Hotels direkt anfährt (Fahrpläne/Tickets in der Ankunftshalle). Die Terminals 1 und 2 sind mit Shuttle-Bussen verbunden.

Vom Kansai Airport nach Osaka fährt der **Limousine Bus** im 30-Min.-Takt (Fahrzeit: 50 Min.). Der **JR Haruka Airport Express** erreicht Shin-Osaka (Shinkansen-Bahnhof) in 50 Min., der **Schnellzug** der JR den Bahnhof Osaka in 65 Min. Nach Kyoto beträgt die Fahrzeit des Haruka 75 Min.

Die beiden älteren Flughäfen von Tokyo (Haneda) und Osaka (Itami) dienen nur noch für innerjapanische Verbindungen. Von den internationalen Airports sind sie direkt mit dem Bus erreichbar (Fahrzeit Narita–Haneda ca. 75 Min., Kansai–Itami ca. 70 Min.); von Haneda nach Tokyo oder Yokohama kommt man am besten mit der Bahn.

Reisen im Land

Flugzeug

Japan Airlines (JAL), All Nippon Airways (ANA) und mehrere kleine Fluggesellschaften fliegen alle größeren Städte und Inseln an. Wer die hohen regulären Preise für Linienflüge meiden möchte, findet oft günstige Angebote bei Nichidoku Fernost Reisen, Dürener Str. 89, 50931 Köln, Tel. 0221/4 00 83 30, www.nichidoku.com.

Der Superexpresszug Shinkansen im Bahnhof Kyoto

Bahn

Das Netz der JR-Hochgeschwindigkeitszüge Shinkansen ist bis Fuku-oka (Bahnhof Hakata) auf Kyushu, Niigata, Shinjo, Akita und Hachi-nohe in Nord-Honshu sowie Nagano in Mittel-Honshu ausgebaut und bedient auch die Strecke Tokyo–Kyoto. Es stehen, wie bei allen Fern-zügen, hauptsächlich reservierte Plätze zur Verfügung. Der Großteil des japanischen Schienennetzes ge-hört zur ehemaligen Staatsbahn JR (Japan Railways), daneben gibt es eine Vielzahl kleinerer Bahnbe-treiber, deren Züge zum Teil die-selben Ziele anfahren wie JR und meist günstiger sind.

Japan Rail Pass

Der Japan Rail Pass kostet in der 2. Klasse für 7 Tage 28 300 Yen, für 14 Tage 45 100 Yen oder für 21 Tage 57 700 Yen. Der jeweilige Betrag in Euro oder Franken wird nach dem aktuellen Tageskurs be-rechnet. Der Pass gilt für alle JR-Züge, Busse sowie für die Fähre nach Miyajima (> S. 121). Der Gut-schein für den Pass, mit dem auch kostenlose Reservierungen getätigt werden können, ist nur außerhalb Japans in Reisebüros und bei Ja-pan Airlines erhältlich; Adressen bei der Japanischen Fremdenver-kehrszentrale (> S. 138) und unter www.japanrailpass.net (dort auch weitere Infos auf Deutsch).

Regionalbusse

Das Bussystem ist zuverlässig und für viele Ziele in den Bergen un-erlässlich. Bezahlt wird so: Beim Einsteigen zieht man aus einem Kartenspender eine Nummer. Über dem Fahrersitz zeigt dann eine Leuchttafel fortlaufend an, wie viel Yen für die jeweilige Nummer zu entrichten sind. Das Geld legt man beim Aussteigen möglichst passend in einen klei-nen Plastikkasten neben dem Fahrer.

Mietwagen

Wegen des hervorragend ausgebauten öffentlichen Verkehrsnetzes ist in Japan ein Mietwagen nicht unbedingt notwendig. Wer sich dennoch ein Auto mieten will, kann dies an jedem Flughafen und in allen größeren Städten tun. Deutsche und Schweizer benötigen ihren nationalen Führerschein mit japanischer Übersetzung, die bei der Botschaft in Tokyo (❯ S. 138) oder beim Generalkonsulat in Osaka beantragt werden kann. Für Österreicher genügt der Internationale Führerschein.

🚨 In Japan herrscht Linksverkehr.

Öffentlicher Nahverkehr

Tokyo, Osaka, Kyoto und Fukuoka besitzen ein gut ausgebautes **U- und S-Bahn-Netz.** Die einzelnen Linien sind farblich gekennzeichnet, Streckenpläne überall erhältlich (Hotels, Reisebüros, Tourist Information Centers). Etwas schwierig ist das Lösen der Tickets am Automaten, es findet sich jedoch immer ein Plan in lateinischer Schrift. Im Zweifelsfall kauft man den billigsten Fahrschein und zahlt am Zielort am Nachlöseschalter unter Vorzeigen des Tickets nach, dabei wird nur der normale Fahrpreis und kein Nachlösezuschlag fällig. Die Benutzung des **Bussystems** bietet sich u.a. in Kyoto an, wo man mit einer Tageskarte (500 Yen, im Hotel erhältlich) günstig durch die ganze Stadt kommt. Durch Hiroshima und Nagasaki bewegt man sich am besten mit der **Straßenbahn.**

Taxis sind zuverlässig und einigermaßen preiswert. Von 23 bis 5 Uhr wird jedoch ein Fahrpreis-Aufschlag von 30 % erhoben. Dann wird auch das Angebot an Taxis immer knapper. Die Hintertür wird vom Fahrer per Hebel geöffnet, vorne steigt man nur ein, wenn hinten kein Platz ist.

Weniger Wagemutigen ist zu empfehlen, sich des perfekt organisierten Systems der **Sightseeing-Busse** zu bedienen. Das am weitesten verbreitete Unternehmen ist Sunrise Tours (www.jtbgmt.com/sunrisetour), die Angebote liegen in jedem großen Hotel aus, wo man auch gleich buchen kann und meist abgeholt wird.

Echt gut!

Die schönsten Bahnstrecken

■ In mehreren Spitzkehren arbeiten sich die roten Triebwagen der Hakone-Tozan-Linie den steilen Berghang von **Hakone** empor. ❯ S. 77

■ Durch eine enge, dramatische Felsschlucht fährt man von **Nagoya** nach **Takayama**. ❯ S. 80

■ An der Küste der vulkanischen **Izu-Halbinsel** entlang schlängelt sich der Odoriko-Express nach **Shimoda**. ❯ S. 78

■ Grüne Hügel und Reisfelder säumen die Linie von **Okayama** nach **Matsue**. ❯ S. 116

■ Die idyllische Landschaft von Kyushu erschließt sich auf der Fahrt von **Hakata** (Fukuoka) nach **Nagasaki**. ❯ S. 129

Special

Unterwegs mit Kindern

Japan ist ein sehr kinderfreundliches Land. Für ältere Kinder und Jugendliche übt es durch den Siegeszug der Manga oft eine große Faszination aus. Nutzen kann man diese bei einem Besuch des fantasievoll gestalteten **Ghibli Museums** bei Tokyo, das dem Werk des Oscar-Gewinners Miyazaki Hayao (*Chihiros Reise ins Zauberland*) gewidmet ist. Die Eintrittskarten müssen allerdings schon vor der Abreise übers Internet besorgt werden.

■ Ghibli Museum, **1-1-83 Simorenja-ku, Mitaka-shi, Tokyo 181-0013,** Ⓢ **Mitaka, JR-Chuo-Linie www.ghibli-museum.jp/en**

Themenparks

Ein Muss ist eine Fahrt zum **Tokyo Disney Resort** östlich von Tokyo, dem meistbesuchten Vergnügungspark der Welt (❯ S. 67). Der Zeit der Samurai und Ninja gewidmet ist der Themenpark **Nikko Edomura**, gut von der Stadt Nikko aus erreichbar. In die Welt des japanischen Films führt das **Toei Uzumasa Eiga Mura** in Kyoto (❯ S. 96), ein in Betrieb befindliches Filmstudio, wo historische Serien gedreht werden. Am internationalen Filmgeschehen orientiert ist die Tour durch die **Universal Studios** in Osaka.

■ Nikko Edomura
Shuttle-Bus ab JR-Bahnhof Nikko, www.edowonderland.net

■ Universal Studios
2-1-33 Sakurajima, Konohana-ku, Osaka 554-0031, JR-Bahnhof Universal City, Tel. (06) 6465-3000, www.usj.co.jp/e_top.html

Tiere und Natur

Die schönsten Aquarien sind das **Hakkeijima Sea Paradise** in Yokohama und der **Kaiyukan** in Osaka 〉 S. 105.

Im **Tokyo Sea Life Park** 〉 S. 62 schwimmt ein ganzer Tunfischschwarm durch ein riesiges Becken. Mit dem **Ueno-Zoo** besitzt Tokyo den besten, wenn auch etwas beengten, Tierpark Japans mit einem schönen Gorillagehege und (wahrscheinlich) zwei Nachfolgern für den 2008 gestorbenen Großen Panda Ling Ling. Viel Spaß werden Kinder mit den zahmen Hirschen im **Nara-Park** 〉 S. 100 und auf der Schreininsel **Miyajima** 〉 S. 121 haben, wo man auch herrliche kleine Wanderungen unternehmen kann. Wer von Tokyo aus einen Tag am Strand mit Besichtigungen kombinieren möchte, fährt am besten nach **Kamakura** 〉 S. 72.

Ein unvergessliches Erlebnis ist auch ein Bad im Onsen, einer warmen Thermalquelle 〉 S. 132.

■ Hakkeijima Sea Paradise

Auf einer Insel in der Bucht von Yokohama, Zufahrt ab JR-Bahnhof Shin Sugita mit der »Seaside Line« bis Bahnhof Hakkejima.

www.seaparadise.co.jp/english

■ Ueno Zoo

9-83 Ueno Park, Taito-ku, Tokyo 110-8711, Ⓢ und Ⓤ Ueno, Tel. (03) 3828-5171, www.tokyo-zoo.net/english

Praktisches

Normalerweise sind Eintrittskarten für Kinder bzw. Schüler ermäßigt. Der Japan Rail Pass kostet von 6–11 Jahren die Hälfte; jüngere Kinder fahren umsonst mit.

Wenn japanische Familien verreisen, nehmen sie oft ein gemeinsames Zimmer im japanischen Stil. In Ryokan und Minshuku 〉 S. 108 sind solche Zimmer ohnehin Standard, aber nicht selten halten auch ganz normale Hotels einige bereit. Es ist natürlich nicht jedermanns Sache, die ganze Reise über auf dem Boden zu schlafen, aber Kinder werden von der zwangsläufig entstehenden Zeltlager-Atmosphäre begeistert sein.

Mit dem landestypischen Essen kommen junge Leute meist gut zurecht. Besonders beliebt sind die verschiedenen Nudelgerichte. Im Notfall finden sich überall Ableger der internationalen Fastfoodketten. Empfehlenswert ist auch der Typ des »Family Restaurants«, dessen Speisekarte verschiedene Geschmäcker befriedigt. Einschlägige Ketten heißen Denny's, Jonathan's oder Royal Host. In den an jeder Ecke zu findenden »Convenience Stores« gibt es eine vielfältige Auswahl an Proviant zum Mitnehmen.

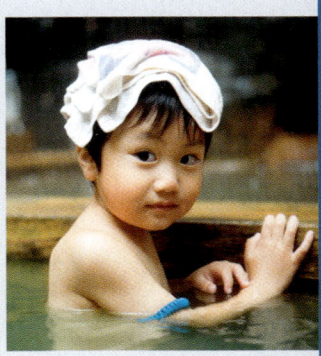

Sport und Aktivitäten

Aus Japan stammen Judo, Kendo, Aikido und weitere **Kampfsport-arten**, deren Verbände im Land auch Seminare für ausländische Sportler veranstalten. Informieren sollte man sich aber erst einmal beim heimischen Verein oder Dojo.

Dasselbe gilt auch für Anhänger von **Ikebana**; über aktuelle Ausstellungen informieren die Websites der beiden wichtigsten Schulen Ikenobo (www.ikenobo.jp) und Sogetsu (www.sogetsu.or.jp).

Die **Zen-Meditation** ist eine ernsthafte Sache; wer sie – möglichst mit ein wenig Vorbereitung zu Hause – einmal in ihrer ursprünglichen Umgebung erleben möchte, hat dazu in Kyoto Gelegenheit; das Fremdenverkehrsbüro im Bahnhof hält ein Infoblatt bereit. Für einen mehrtägigen Aufenthalt ist der Hosen-ji in Kameoka westlich von Kyoto geeignet (www.zazen.or.jp); Noritake Kotoku, der amtierende Zen-Meister, hat es sich zur Aufgabe gemacht, interessierten Reisenden ohne große formale Vorbedingungen einen Einblick in die Welt des Zen zu vermitteln.

Die abwechslungsreiche Bergwelt Japans lädt vielerorts zum **Wandern** ein. Zu den beliebtesten Gebieten zählen die Region Kamikochi in den Japanischen Alpen › S. 79 und natürlich das Gebiet rund um den Fuji-san (www.mountfujiguide.com). In allen kleineren Orten, aber auch in Kyoto, kann man **Fahrräder** mieten; über 50 Cycling Terminals bieten auf dem Land einfache Übernachtungsmöglichkeiten und ebenfalls Mieträder (Information unter: www.outdoorjapan.com).

Buch-Tipp Mason Florence u.a., **Hiking in Japan,** Lonely Planet. Gut recherchierter Wanderführer.

Unterkunft

Japan bietet eine breite Auswahl an Hotels aller Kategorien. Die Häuser großer Ketten entsprechen fast immer gehobenen Ansprüchen. Hier hat der Gast, sofern er etwas Englisch spricht, keine Probleme und genießt einen hervorragenden Service.

Prospektmaterial zu allen Unterkunftsmöglichkeiten ist bei der Japanischen Fremdenverkehrszentrale in Frankfurt/M. (› S. 138) erhältlich. Hier gibt es auch das »Directory of Welcome Inns«, eine Broschüre mit einer Palette von preiswerteren Hotels, die einen gemeinsamen Buchungsservice haben.

Zimmerreservierungen sind besonders während der japanischen Feiertage (❯ S. 137) empfehlenswert. Links zu einschlägigen Websites bietet jene der Japanischen Fremdenverkehrszentrale: www.jnto.de. Vor Ort gebucht werden kann bei den TICs in Tokyo und den Flughäfen Narita und Osaka (❯ S. 139) sowie an städtischen Infoschaltern am jeweils größten Bahnhof einer Stadt.

Wohnen im westlichen Stil

Die Luxushotels gehören weltweit zur Spitzenklasse. Hier findet man alles, vom Swimmingpool über Sauna, Restaurants, Bars, Ladenarkaden, Reisebüros bis hin zum besonders für Geschäftsleute wichtigen Businesscenter mit allen kommunikationstechnischen Raffinessen. Eine Komfortkategorie darunter liegen die großen internationalen Hotels und Hotelketten wie etwa die Prince- und Tokyu-Hotels, in denen es sich aber auch hervorragend wohnen (und arbeiten) lässt. Günstiger sind die sogenannten Business Hotels. Sie sind kleiner, zweckmäßig, sauber und in aller Regel verkehrsgünstig gelegen.

Wohnen wie die Japaner

Nutzen Sie die Gelegenheit, auch einmal in einem traditionellen Hotel japanischen Stils, einem **Ryokan,** zu übernachten. Das Vergnügen muss nicht teuer sein und ist überaus lohnend. **Minshuku** sind Pensionen japanischen Stils mit meist familiärem Charakter. Wer weniger auf Service, sondern auf eine häusliche Atmosphäre Wert legt, wohnt hier genau richtig (❯ S. 108).

Jugendherbergen

Japan besitzt ein dichtes Netz an Jugendherbergen ohne Altersbegrenzung. Jugendherbergsausweis erforderlich. Übersicht und Online-Buchungsmöglichkeiten unter **www.jyh.or.jp.**

Gute, aber bezahlbare Hotels

■ Ein äußerst angenehmes Haus ist das **Grand Palace** in Tokyo. Ganz in der Nähe kann man die schönste Kirschbaumblüte der Stadt bewundern. ❯ S. 68

■ Selbst in Tokyo kann man preiswert im japanischen Stil nächtigen: im **Annex Katsutaro Ryokan** am Ueno-Park. ❯ S. 68

■ Für ein Budget-Hotel gut ausgestattet ist das **El Inn** am Hauptbahnhof von Kyoto. ❯ S. 99

■ Mitten im quirligen Zentrum Osakas steht das **Comfort Hotel Shinsaibashi.** ❯ S. 106

■ Ein schickes Designerhotel mit äußerst günstigen Preisen ist das **Hotel Active!** in Hiroshima: 15-3 Nobori-machi, Naka-ku, Tel.(082) 212-0001, hiroshima@hotel-active.com. ●

■ Auch wenn man mitten in Nagasaki kein Hotel im spanischen Stil erwarten würde – es wohnt sich angenehm im **Hotel Monterey** nicht weit vom Glover Garden. ❯ S. 130

Land & Leute

Steckbrief

Japan

Stadt-/Landbevölkerung:
79 %/21 %
Einwohner: 127,4 Mio., Großraum
Tokyo ca. 34 Mio.
Landesvorwahl: 0081
Währung: Japanischer Yen (¥)
Zeitzone: MEZ + 8 Std. (während der
europäischen Sommerzeit + 7 Std.)

Fläche: 378 000 km², davon 73 %
gebirgig
Hauptstadt: Tokyo
Amtsprache: Japanisch
Lebenserwartung: Männer 79,
Frauen 85 Jahre
Bevölkerungswachstum: −0,1 %

Lage und Landschaft

Der Japanische Archipel besteht
aus über 3400 z.T. unbewohnten
Inseln. Er erstreckt sich auf einer
Länge von über 4000 km vom 45.
bis zum 24. Grad nördlicher Breite. Den größten Teil der Land-
masse Japans bilden die vier großen Inseln Hokkaido, Honshu,
Shikoku und Kyushu. Südlich von
Kyushu beginnt eine Inselkette,
die zunehmend subtropischen
Charakter hat. Die südlichsten
Eilande der Präfektur Okinawa
sind nicht mehr weit von Taiwan
entfernt.

Honshu ist die Hauptinsel; die
Bevölkerung konzentriert sich v.a.
auf die Großräume Tokyo (Kanto-
Region) und Osaka (Kansai-Region) mit dem durch einige größere
Ebenen erweiterten Küstenstreifen am Pazifischen Ozean.

Über 70 Prozent des Landes
bestehen aus landwirtschaftlich
nicht nutzbaren und für Sied-
lungszwecke ungeeigneten, oft
wildromantischen Gebirgslandschaften. Geomorphologisch ist
Japan das Produkt eines gewaltigen erdgeschichtlichen Faltungs-
prozesses, der bis in die Gegenwart anhält. Häufige Erdbeben
und starker Vulkanismus haben
hierin ihre Ursache. Beben und
Vulkanausbrüche gehören zum
japanischen Alltag, haben aber
selten so verheerende Auswirkungen wie das große Hanshin-Erd-

beben vom 17. Januar 1995 in der Region Kobe. Oft sind sie nur für die sensiblen Messgeräte der seismologischen Warten feststellbar.

Politik und Verwaltung

Japan ist eine konstitutionelle Monarchie. Das Kaiserhaus blieb zwar nach 1945 als »Symbol des Staates und der Einheit des Volkes« bestehen, doch die ehemals fanatische Kaiserverehrung ist einer unsentimentalen Gleichgültigkeit gewichen.

Mit Ausnahme einer kurzen Phase in den 1990er-Jahren wird Japan von der Liberaldemokratischen Partei (LDP) regiert. Dadurch erscheinen das Land und sein Regierungssystem äußerst stabil. Gesteuert wird der politische Machtapparat allerdings im Hintergrund durch die Anführer von Teilfraktionen. Dass der Inselstaat trotz dieser Führungsschwäche so erfolgreich ist, verdankt er einer effizienten Bürokratie, speziell dem mächtigen Technologie-Ministerium (MITI). Das MITI trägt Sorge dafür, dass Regierung und Parlament notwendige Schritte in der Finanz-, Steuer- und Außenpolitik unternehmen, um die »Firma Japan« prosperieren zu lassen.

Wirtschaft

Der Sprung aus dem wissenschaftlich-technischen Mittelalter ins Industriezeitalter erfolgte nach der Meiji-Restauration von 1868 in erstaunlich kurzer Zeit. So konnte sich Japan bereits an der Pariser Weltausstellung von 1873 beteiligen. 20 Jahre später war zu einem wichtigen Exportland geworden.

Mit Beginn des Korea-Kriegs (1950) gewannen Industrie und Handel nach der Niederlage im Zweiten Weltkrieg wieder an Schwung. Bis 1991 waren Zuwachsraten von über 4 % die Regel. Danach entwickelte sich aus einer von übertriebener Spekulation ausgelösten Immobilienkrise eine Rezession. Von weltwirtschaftlichen Turbulenzen wird Japan stärker betroffen als Europa oder die USA. Das auf Harmonie beruhende Management, das grobe Fehlentscheidungen in aller Regel ausschließt, ist bei normalem Wirtschaftsverlauf äußerst effektiv, in Krisenzeiten jedoch recht unflexibel.

Mit den Reformen der früheren Regierung Koizumi und den wachsenden Beziehungen zu China kam Japan ab 2003 vorläufig aus der Stagnation heraus. Die 2008 einsetzende, weltweite Rezession hat das Land aber wieder zurückgeworfen, auch weil der gestiegene Yen der stark exportabhängigen Industrie schadet.

Japan besitzt nahezu keine Rohstoffe, weshalb sich die Wirtschaft auf den Produktions- und den Dienstleistungssektor stützt. Verbunden mit moderner Wirtschaftspolitik und Unternehmensorganisation bieten die Japaner absolute Spitzenleistungen, sei es im High-Tech- und IT-Bereich, im Kfz- und Transportsektor oder im Maschinen- und Anlagenbau.

Geschichte im Überblick

Vorgeschichtliche Kulturen
10 000–250 v. Chr. Jomon-Kultur.
250 v. Chr.–300 n. Chr. Yayoi-Kultur.
300–552 n. Chr. Kofun-Kultur.
552–710 Asuka-Zeit
6. Jh. Der Familienclan aus der Yamato-Ebene, auf den das heutige Kaiserhaus zurückgeht, setzt sich als Zentralgewalt durch.
552 Einführung von Buddhismus und chinesischer Schrift.
574–622 Prinzregent Shotoku-taishi organisiert den jungen Staat nach chinesisch-koreanischem Vorbild.
645 Der Buddhismus wird Staatsreligion, der Konfuzianismus Staatsphilosophie.
710–782 Nara-Zeit
Nara wird Reichshauptstadt; Beginn der kulturellen Blüte unter chinesischem Einfluss.
794–1192 Heian-Zeit
Verlegung des Hofs nach Heian-kyo (Kyoto); Rückgang des chinesischen und koreanischen Einflusses.
1192–1338 Kamakura-Zeit
Zunächst vom Kaiser eingesetzte, dann aber eigene Dynastien begründende Militärherrscher (Shogune) übernehmen die Kontrolle im Reich. Der Regierungssitz wird von Kyoto nach Kamakura verlegt; Festschreibung der Samurai-Ethik.
1338–1568 Muromachi-Zeit
Zerfall der Zentralgewalt (Bürgerkriege); Machtzunahme der lokalen Fürsten (Daimyo); Blüte von Handwerk und Handel.
1542 Erste Ankunft portugiesischer Seefahrer.
1549 Beginnende Missionierung durch Francisco de Xavier.
1568–1600 Azuchi-Momoyama-Zeit
Innere Kriege. Die Heerführer Oda Nobunaga, Toyotomi Hideyoshi und Tokugawa Ieyasu bekämpfen die aufrührerischen Daimyo und Mönchsorden; Neuordnung des Landes.
1600–1868 Tokugawa- oder Edo-Zeit
1600 Schlacht bei Sekigahara; endgültiger Sieg von Ieyasu, der die Zentralgewalt wiederherstellt und das Tokugawa-Shogunat begründet. Neue Hauptstadt wird Edo (späteres Tokyo); der (machtlose) Kaiser residiert weiterhin in Kyoto. Errichtung eines strikten Ständestaates mit völliger Abschließung nach außen; Verbot des Christentums. Das Land isoliert sich für 250 Jahre vom Rest der Welt.
ab 1853 Die USA erzwingen die Öffnung japanischer Häfen für ausländische Handelsschiffe.
1868–1912 Meiji-Zeit
1868 Absetzung des letzten Tokugawa-Shoguns, nominelle Wiederherstellung der kaiserlichen Macht; Verlegung der Residenz nach Edo, von nun an Tokyo (»östliche Hauptstadt«) genannt; Industrialisierung.

1889 Erste Verfassung für Japan; Garantie der Religionsfreiheit.
1910 Annexion Koreas.
Moderne
1914–1918 Erster Weltkrieg; Japan gehört zu den Siegermächten. Beginn des Aufstiegs zur Wirtschaftsmacht.
1923 Ein Erdbeben zerstört das alte Edo.
1931–1936 Wirtschaftskrise; Machtzuwachs des Militärs.
1940 Dreimächtepakt Japan, Deutschland und Italien.

1941 Nichtangriffspakt mit der Sowjetunion. Angriff auf Pearl Harbor und pazifischer Eroberungskrieg.
1945 Kapitulation nach Atombombenabwurf auf Hiroshima (6. Aug.) und Nagasaki (9. Aug.).
1946 Japan wird konstitutionelle Monarchie; Einführung des Frauenwahlrechts.
1993 Ministerpräsident Hosokawa spricht den Völkern Asiens offiziell sein Bedauern wegen der Rolle Japans im II. Weltkrieg aus.

Tokugawa Ieyasu – die Perfektion der Macht

In der Muromachi-Periode nahmen Macht und Unabhängigkeit der Provinzfürsten (Daimyo) stetig zu. Auf diese Weise konnte die hoch entwickelte Feudalkultur zwar bis in die entlegensten Provinzen vordringen, dafür kam es aber zu Machtkämpfen sowie zu Aufständen der ausgebeuteten Bauern.

Zu dieser Zeit begann ein blühender Handel mit den asiatischen Nachbarn, der großen Reichtum in die neuen Handelsstädte, vor allem nach Osaka, brachte. Während sich die Fürsten blutig bekriegten, erreichte die bürgerliche Kultur in den Städten eine beispiellose Blüte. Erst den drei großen Heerführern Oda Nobunaga (1534–1582), Toyotomi Hideyoshi (1536–1598) und Tokugawa Ieyasu (1543–1616) gelang es, die abtrünnigen Provinzfürsten niederzuringen. Zur Befriedung des Landes ließ Hideyoshi mächtige Burgen errichten.

In der entscheidenden Schlacht von Sekigahara (1600) unterwarf Ieyasu die letzten aufsässigen Daimyo. Verbündete bekamen ihre Fürstentümer als Lehen, wobei man diejenigen ehemaliger Feinde stets mit Gebieten getreuer Daimyo umgab. Um die Provinzfürsten wirtschaftlich und politisch zu schwächen, wurden sie gezwungen, ständige Residenzen in Edo, dem Sitz der Tokugawa-Shogune, zu unterhalten und sich dort jedes zweite Jahr getrennt von ihren Familien aufzuhalten.

Zudem etablierte Ieyasu zur Sicherung seiner Macht einen Ständestaat, in dem die gesamte Bevölkerung strengen Regeln unterworfen war. Die staatliche Kontrolle betraf alle Lebensbereiche, bis hin zu einer strikten Kleiderordnung. Um sein Regime nicht durch äußere Einflüsse zu gefährden, schloss Ieyasu das Land völlig ab. So gelang es ihm und seinen Nachfolgern, die Herrschaft der Tokugawa-Familie für 250 Jahre zu festigen, bis weit ins 19. Jahrhundert hinein.

1995/96 Selbstbewusstsein und Technikgläubigkeit der Japaner werden durch die Wirtschaftskrise, das Erdbeben von Kobe sowie die Giftgasanschläge der Aum-Shinrikyo-Sekte auf die U-Bahn in Tokyo stark erschüttert.

2001 Die Staatsverschuldung erreicht den höchsten Stand seit Kriegsende. Ministerpräsident Koizumi leitet längst überfällige Reformen ein, die in den folgenden Jahren allmählich greifen.

2002 Fußball-Weltmeisterschaft, gemeinsam von Japan und Süd-korea ausgerichtet. Japan erreicht das Achtelfinale.

2008 Auf dem G8-Gipfel in Toyako profiliert Japan sich mit der »Cool Earth Partnership«, einem Plan zur Unterstützung von Entwicklungsländern beim Kampf gegen die globale Erwärmung.

2009 Die weltweite Wirtschaftsflaute und der stark gestiegene Yen verursachen eine erneute Krise der exportabhängigen Industrie. Die Regierung reagiert mit einem milliardenschweren Konjunkturprogramm.

Die Menschen

Als Vorfahren der heutigen Japaner sind die Menschen der Yayoi-Kultur anzusehen, die ab etwa 300 v. Chr. vom asiatischen Festland kommend die bis dahin weit verbreiteten Jäger und Sammler der Jomon-Kultur ablösten. Trotz weiterer Zuwanderungswellen gelang es dem Yayoi-Volk, fremde Einflüsse rasch zu assimilieren und so eine erstaunlich einheitliche Kultur zu entwickeln. In Japan neigt man daher dazu, Herkunft, Sprache und Kultur gleichzusetzen und von der Einzigartigkeit der eigenen Sprache auch auf die Einzigartigkeit des eigenen Volkes zu schließen. Auf Grund sprachlicher Eigentümlichkeiten sind jedoch

zahlreiche asiatische, sibirische und pazifische Wurzeln des Japanischen auszumachen. Zur Unterstreichung dieser disparaten Ursprünge wird häufig auf die Besonderheit der japanischen Architektur verwiesen. Sie entspricht in Grundzügen jener Polynesiens.

Den größten Anteil der nur etwa 2,5 Mio. in Japan lebenden Ausländer stellen rund 1 Mio. Koreaner, jeweils 500 000 Chinesen und Filipinos sowie etwa 250 000 Brasilianer.

Buch-Tipp **Gert Anhalt, Zeit für Japan,** Bucher Verlag, München 2005. Kenntnisreich und mit leichtem Augenzwinkern berichtet ZDF-Korrespondent Anhalt über das Alltagsleben einer sich wandelnden Gesellschaft.

Sprache und Schrift

Das Japanische ist, wie z.B. auch das Ungarische, Finnische und Türkische, eine agglutinierende Sprache. Das heißt, grammatische Bezüge im Satz sowie Zeiten und Aspekte werden durch Anfügung von Endungen an den Wortstamm ausgedrückt. Die Aussprache ist verhältnismäßig einfach. Konsonanten können nicht aufeinander folgen, deshalb ergeben sich einfache Silben mit klaren, offenen Vokalen und der Tendenz, »i« und vor allem »u« im Auslaut schwinden zu lassen. Zungenbrecher gibt es keine.

Dringt man tiefer in das Japanische ein, wird es komplexer, da die Sprache sehr stark gesellschaftlich ausgerichtet ist. Je nach Geschlecht, Stellung und sozialer Beziehung der Gesprächspartner gibt es verschie-

Am Rand der Gesellschaft

Der Glaube an die unverbrüchliche Einheit von Land, Sprache, Kultur und Volk verdrängt im öffentlichen Bewusstsein Japans gern die Tatsache, dass die Japaner ihr Inselreich mit einem gänzlich anderen, sibirischen Volk, den Ainu, als Mutterland teilen müssen. Ortsnamen, die auf die Ainu-Sprache zurückgehen, gibt es in Nord- und Mitteljapan. Heute leben die letzten Angehörigen dieses hellhäutigen und kleinwüchsigen Volkes, einige Zehntausend an der Zahl, nur noch auf Hokkaido; ihre Kultur dient als Touristenattraktion.

Eine zweite, weit gewichtigere Minderheit stellen die ca. 1 Mio. Abkömmlinge ehemaliger koreanischer Zwangsarbeiter dar, die nach der Annexion Koreas im Jahr 1910 nach Japan gebracht wurden. Sie werden vielfach diskriminiert und in Ausbildung und Beruf benachteiligt.

Bei der größten Minderheit, den Burakumin (wörtlich: Dorfmenschen), von denen es schätzungsweise 2 Mio. gibt, handelt es sich um ethnische Japaner, die früher als von der Gesellschaft abgesonderte Gruppe in eigenen Dörfern oder Stadtbezirken lebten. Sie gehörten ursprünglich Berufsgruppen an, die mit vom Buddhismus tabuisierten Tätigkeiten zu tun hatten: Schlachter, Lederverarbeiter, Henker und Grabwächter. Angehörige dieser Minderheit unterliegen trotz entgegenstehender Gesetze weiterhin sozialen und persönlichen Benachteiligungen.

Wunschtäfelchen im Meiji-Schrein in Tokyo

dene Ausdrucksweisen, die sich in Wortschatz, formellen Vor- und Nachsilben sowie grammatikalischen Besonderheiten unterscheiden. So existieren beispielsweise allein für »ich« fünf verschiedene Wörter.

Japan übernahm Ende des 6. Jhs. mit der chinesischen Schrift ein Zeichensystem, das eigentlich ungeeignet für die Darstellung des Japanischen war. Chinesische Zeichen sind nämlich Sinnzeichen, d.h. jedes Zeichen hat eine konkrete Bedeutung. Das Japanische benötigt als agglutinierende Sprache aber eine Laut- oder Silbenschrift. Es entwickelte sich ein System, das die chinesischen Zeichen *(Kanji)* sowohl als Sinn- als auch als Lautträger nutzte. Die als Silben verwendeten Kanji wurden im Lauf der Zeit stark vereinfacht und zu zwei reinen Lautschriften entwickelt: zu der gewöhnlich gebrauchten kursiven Hiragana und der v.a. für Fremdwörter und in der Werbung verwendeten eckigeren Katakana.

!: Nach japanischem Brauch steht der Familienname in diesem Reiseführer stets an erster Stelle.

Japanisch lateinisch?

Nach der Öffnung Japans im 19. Jh. gab es viele Versuche, das Japanische schlüssig in lateinische Buchstaben (*Romaji*) zu tradieren. Durchgesetzt hat sich die Umschrift des amerikanischen Missionars James C. Hepburn. Wegen der Vielzahl gleich klingender Wörter ergibt sich aus dem in Romaji geschriebenen Wort allerdings oft kein eindeutiger Sinn. Zur Aussprache ist zu beachten: Die Vokale sind rein und offen wie im Italienischen, die Konsonanten werden wie im Englischen ausgesprochen. Das »u« am Silbenende wird oft fast verschluckt.

Religion

Japan ist in religiösen Fragen ein sehr tolerantes Land. So fühlen sich fast alle Japaner sowohl dem Shintoismus als auch einer der zahlreichen buddhistischen Richtungen oder einer der neuen religiösen Bewegungen zugehörig. Dass das tätige Leben in der Gesellschaft von einer dritten ethisch-religiösen Kraft, nämlich dem Konfuzianismus, geprägt ist, wird im Ausland oft übersehen.

⚠️ In Japan ist man, außer an ausgewiesenen Orten, beim Fotografieren sehr tolerant. Bei religiösen Stätten, Würdenträgern und Zeremonien ist jedoch Zurückhaltung angebracht.

Shinto

Die ursprünglichste Religion Japans ist *Shinto,* der »Weg der Götter«. Im Mittelpunkt steht ein Schöpfungsmythos, der die Entstehung der Welt und die Abstammung des Kaiserhauses unmittelbar von der Sonnengöttin Amaterasu ableitet. Diese beauftragte der Legende nach ihren Enkel Ninigi und dessen Nachkommen, Japan in alle Ewigkeit zu regieren, und übergab ihm die heute im Ise-Schrein aufbewahrten Reichsinsignien Schwert, Juwel und Spiegel. Ninigis Urenkel, Jimmutenno, eroberte dem Mythos zufolge von Kyushu aus das Land Yamato und gründete im Jahr 660 v. Chr. das japanische Kaiserreich (❯ S. 136).

Bestandteile des Shinto sind der Ahnenkult, ferner eine umfassende Naturverehrung, in der Berge, Flüsse, Felsen, einzelne Bäume oder sonstige in der Natur auffällige Erscheinungen zu Gottheiten *(Kami)* werden können. Solche geheiligten Objekte und Orte werden mit einem aus Reisstroh geflochtenen und mit weißen Papierfahnen verzierten Tabuseil gekennzeichnet.

Unter den Shinto-Gottheiten darf man sich keine mit Allmacht und Allwissenheit ausgestatten Götter wie in den monotheistischen Religionen vorstellen. Sie repräsentieren vielmehr heilende und helfende, aber auch zerstörende Kräfte der Natur. Somit sind sie keine jenseitigen, außerweltlichen Wesen, sondern in der Natur verwurzelte und dort wirkende Mächte. Ihre Aufmerksamkeit kann man durch zweimaliges Händeklatschen vor dem Schrein auf sich ziehen; Opfer und rituelle Handlungen stimmen die Götter günstig.

Buddhismus

Dem im Diesseits verwurzelten Shinto setzt der Buddhismus ein polares Weltbild entgegen. Er unterscheidet zwei Seinsbereiche: die Welt der Begierden sowie die Welt der reinen Formen und Nicht-Formen, das *Nirwana,* in dem es keine Begierden und damit auch keine Leiden mehr gibt. Im Bereich der Begierden werden alle guten und bösen Taten in einer Art Bilanz zusammengetragen, die sich als *Karma* durch Meditation und eine gute Lebensführung abgetragen ist.

Über China nach Japan gelangt ist die Tradition des *Mahayana*. Hier werden die verschiedenen Inkarnationen Buddhas zu überirdischen Gottheiten, die helfend ins von Leiden gekennzeichnete Dasein eingreifen. Zusätzlich helfend wirken ferner die Bodhisattvas (jap. *Bosatsu*), erleuchtete Wesen, die freiwillig auf den Eingang ins Nirwana verzichten, um schwächeren Menschen auf dem Weg zur Erleuchtung beizustehen, bis alle erlöst sind.

Vielfalt der buddhistischen Schulen

In Japan bildeten sich im Lauf der Jahrhunderte zahlreiche verschiedene Konfessionen (Schulen, manchmal auch Sekten genannt) heraus, die heute alle nebeneinander existieren.

Im **Tendai-Buddhismus** mischen sich esoterische Elemente (geheime Formeln und Rituale) mit volkstümlichen Heilslehren, während der

Glossar Shinto und Buddhismus

Amida	Buddha der Gnade
Bodhisattva (japanisch Bosatsu)	Erleuchteter, der auf die Buddhaschaft verzichtet, um anderen zur Erleuchtung zu verhelfen
Butsu	Buddha
Daruma	Begründer des Zen-Buddhismus
-den	Halle
-dera/-tera	Tempel
-en	Garten
Hachiman	Kriegsgott
Haiden	Gebetshalle eines Schreins
Honden	Haupthalle eines Schreins
-in, -ji	Tempel, Kloster
-jinja/-jingu	Schrein
Jizo Bosatsu	Beschützer der Reisenden und Kinder
Kannon	Bodhisattva der Gnade
Karma	Summe aller Taten, Schicksal
Kodo	shintoistische Halle für Ansprachen
Kondo	Haupthalle eines Tempels
Matsuri	shintoistisches Kultfest mit Umzügen
-mon	Tor
Sabi	Schönheitsideal der Würde des Alten
Satori	Erleuchtung
Shaka	(von Shakyamuni) historischer Buddha
Sutra	richtungweisende buddhistische Schrift
-to	Pagode, Symbol der Weltachse
Torii	rituelles Eingangstor zum Schrein
Wabi	Schönheitsideal des Sich-Selbst-Genügens, der Einfachheit
Yakushi	heilender Buddha

Shingon-Buddhismus eine komplexe Lehre mit ausgeprägten religiösen Zeremonien ist. Am populärsten ist der **Jodo-Buddhismus** (*Jodo:* »Paradies des Reinen Landes«), der Erlösung allein durch die Anrufung des gnadenreichen Amida-Buddha verspricht.

Buddha mit Opfergaben

Die mit über 30 Mio. Anhängern größte Richtung ist die 1253 gegründete **Nichiren-Schule,** die einen gewissen Ausschließlichkeitsanspruch mit nationalistischen Tendenzen vertritt. Aus ihr ging 1930 die Laienbewegung *Soka-gakkai* (»Wertschaffende Gesellschaft«) hervor, die durch eine teils fanatisch anmutenden Praxis, politisches Engagement (Komeito-Partei) sowie missionarische Töne aus dem Rahmen buddhistischer Schulen herausfällt.

Zen

Ganz anderer Art ist der **Zen-Buddhismus** mit seinen zwei wichtigsten Schulen **Rinzai** und **Soto.** Hier steht die Erleuchtung *(Satori)* des Einzelnen im Mittelpunkt, die durch ein achtsames Leben und durch die im Sitzen geübte Meditation *(Zazen)* erlangt werden kann. Gebete und das Studium der Sutren spielen eine untergeordnete Rolle.

Von Bedeutung ist die Vermittlung der Lehre durch den Zen-Meister, der im Rinzai mithilfe paradoxer Fragen *(Koan)* das vermeintlich logische Denken seines Schülers erschüttert und damit dessen Bindung an die Welt der Begierden und des Leids zu lösen sucht. Durch seine asketische Ausrichtung, harte Willensschulung und Konzentration auf das Wesentliche übte Zen eine große Anziehungskraft auf die Samurai-Kaste aus und beeinflusst die ästhetisch-kulturelle Entwicklung Japans nachhaltig (> S. 73).

Konfuzianismus

Die Lehren des chinesischen Philosophen Konfuzius (551 bis 479 v. Chr.) treten öffentlich nahezu nicht in Erscheinung, prägen das japanische Denken jedoch bis

Ökumene auf Japanisch

Pragmatisch, wie man in Japan in vielen Dingen verfährt, hat man die beiden anfangs konkurrierenden Religionen kurzerhand unterschiedlichen Bereichen zugeordnet: den Shinto dem Leben, den Buddhismus dem Tod. Dementsprechend werden Taufen gern nach shintoistischem Ritus abgehalten, Beerdigungen nach buddhistischem.

heute fundamental. Ethik, Staatslehre und Regeln des alltäglichen Handelns sind von diesem Geist geformt. Kern der Lehre ist die Übertragung kosmischer Beziehungen auf Familie, Gesellschaft und Staat. Das Verhältnis zwischen Herrscher und Untertan, Vater und Sohn, Mann und Frau, älterem Bruder und jüngerem Bruder oder auch Freund und Freund entspricht dem der Sonne zum Mond und den übrigen Gestirnen. Es beruht auf strenger Über- bzw. Unterordnung, die durch strikte Loyalität gesichert wird. Oberstes Ziel aller Bestrebungen ist die Herstellung und Erhaltung der Harmonie, die auf Erden ein Abbild des Kosmos ist.

Christentum und neue religiöse Bewegungen

Das **Christentum** ist in Japan kaum relevant; der Anteil bekennender Christen liegt wenig über einem Prozent. Wesentlich größer ist die Anhängerschaft der z.T. skurrilen neuen Sekten und **religiösen Bewegungen.** Zu trauriger Bekanntheit gelangte die Sekte Aum Shinrikyo im Jahr 1995 durch einen tödlichen Giftgasanschlag auf die Tokyoter U-Bahn. Solche Exzesse sind allerdings selten; im Allgemeinen haben diese Gruppierungen das Ziel, ihren durch den gesellschaftlichen Wandel desorientierten Anhängern mit einfachen Antworten und strikten Regeln Halt zu geben. Dabei geht die typisch japanische religiöse Toleranz oft verloren.

Kunst und Kultur

Am Beginn der kulturellen Entwicklung Japans standen chinesische und koreanische Lehrmeister, die ab dem 6. Jh. gezielt ins Land gerufen wurden. Prinzregent Shotoku-taishi (574–622) ließ alles, was sich bis dahin an einheimischer Kultur entwickelt hatte oder aus China und Korea gekommen war, zusammenfassen und auf die Gegebenheiten des japanischen Staates ausrichten. In der Heian-Zeit erlebte Japan nach seiner rigorosen Abschottung eine erste kulturelle Blütezeit.

Mit der Loslösung der Kriegerkaste vom höfisch-verfeinerten Leben Kyotos in der Kamakura-Zeit entwickelte sich eine neue ritterliche Kultur mit einem eigenen Stil, der bis heute als typisch japanisch gilt. Diese Samurai-Kultur ist geprägt von strenger Einfachheit, Selbstzucht, konfuzianischer Ethik, Todesverachtung und Zen-Meditation; in ihrem Zentrum stehen die Teezeremonie und damit gepaart ein Kunstbegriff, der sehr viel weiter gefasst ist als im Westen. Alles, was zur Teezeremonie gehört, ist auch Gegenstand künstlerischen Strebens: Keramik, Tuschmalerei, Ikebana, Lackarbeit, Architektur und Innenarchitektur,

Textilkunst, Landschaftsgärtnerei und vieles andere, das im Westen als Kunsthandwerk bezeichnet wird.

Traditionelles Theater

Japan besitzt eine sehr alte Theaterkultur. Die älteste Form ist das **No-Theater,** das aus verschiedenen volkstümlichen Spieltraditionen von Zeami (1363–1443) als Gesamtkunstwerk aus Tanz, Musik, Sprache und Gesang geschaffen wurde. Unter dem Einfluss der höfischen Gesellschaft, die No ausschließlich zu ihrer eigenen Unterhaltung bestimmte, entwickelte es sich zu der noch heute gepflegten hochstilisierten Spielform, in der nicht die Natürlichkeit der Darstellung das Ziel ist, sondern die symbolische Repräsentation: gemessene stilisierte Bewegungen, typisierende Masken, ein die Handlung kommentierender Chor, kleines Orchester und Tanz. Alles ist auf Andeutung, Sparsamkeit der Mittel und Abstraktion ausgerichtet. Emotionen werden lediglich durch symbolische Gesten ausgedrückt, auf Dekoration wird fast völlig verzichtet.

Das **Bunraku-Puppenspiel** und das revueartige **Kabuki-Theater** sind als Theaterformen des Bürgertums entstanden. Die Stücke handeln meist von kriegerischen Ereignissen oder tragischen persönlichen Konflikten. Sie sind im Gegensatz zum No emotionsgeladen, expressiv, oft laut und voller darstellerischer und bühnentechnischer Überraschun-

Chado, der Weg des Tees

Zahlreiche traditionelle Sport- und Kunstübungen Japans sind eng mit dem Begriff des Wegs *(do)* verbunden. Gemeint ist damit, dass diese Künste einen Weg zur Selbstfindung darstellen. Sen-no-Rikyu (1521–1591), der Teemeister der Shogune Nobunaga und Hideyoshi, schuf die klassisch-strenge, noch heute gültige Form des Chado als vollendetes Gesamtkunstwerk. Danach findet die Teezeremonie in einem kleinen, schlichten und dennoch edel gestalteten Raum statt. Die Geräte – Teebehälter, Teekessel, Wasserbehälter, Teebesen, Teelöffel und Teeschale – sind von erlesener, zeitloser Schlichtheit, entsprechend der Grundhaltung des *Wabi,* des Sich-Selbst-Genügens, und des *Sabi,* das dem traditionellen Schönheitsideal von Einsamkeit, Verlassenheit und Patina entspricht. Bereits auf dem Weg zum Teeraum lässt man alles Unwesentliche zurück und findet in Gemeinschaft mit den anderen Gästen zu innerer Vollendung und zum wahren Selbst. Der Tee wird in Form eines Rituals (der Ausdruck passt besser als »Zeremonie«) mit anmutigen, sparsamen Bewegungen zubereitet, die Teeschale zunächst dem Ehrengast, dann allen anderen gereicht. Während der schaumig geschlagene Tee ruhig und gemessen genossen wird, hat man Zeit für die aufmerksame Betrachtung der Teegeräte, des Rollbilds und des Blumenarrangements.

gen, die jeden Besucher in ihren Bann ziehen. Kabuki-Stücke sind ziemlich lang, es ist jedoch möglich, auf den hinteren Plätzen lediglich einen Akt zu erleben. Wer sich für exotische Theaterformen interessiert, sollte sich einen Besuch der Bühnen von Tokyo, Kyoto oder Osaka nicht entgehen lassen.

In Tokyo gibt es mit der **Kabuki-za** im Stadtteil Ginza (http://www. shochiku.co.jp/play/kabukiza/theater/) ein eigenes Haus nur für Kabuki-Vorstellungen. Bunraku und Kabuki werden auch regelmäßig im **Nationaltheater** und No im **Nationalen No-Theater** aufgeführt. Osaka ist die Heimat des **Nationalen Bunraku-Theaters**. Auskunft (in Englisch): Tel. (03) 3230-3000; www.ntj.jac.go.jp.

Literatur

Japan besitzt eine reiche Literaturtradition, die bis weit ins 8. Jh. zurückreicht. Die frühe höfische Literatur erreicht in der »Geschichte vom Prinzen Genji« der Hofdame **Murasaki Shikibu** (um 1000) ihre erste, glanzvolle Blüte. Dieser Roman beschreibt sehr lebendig und anschaulich die höfische Welt der Heian-Zeit. Erstaunlich ist der hohe

Land der Lyriker

Das Haiku, bestehend aus drei Zeilen zu fünf, sieben und fünf Silben, ist die bekannteste japanische Gedichtform. Zu ihren Meistern zählen Matsuo Basho (1644–1694), Yosa Buson (1716 bis 1783) und Kobayashi Issa (1763 bis 1783). Alljährlich nehmen bis heute Zehntausende Japaner am kaiserlichen Haiku-Wettbewerb teil. Ein Haiku entsteht durch die Unmittelbarkeit sanfter Überraschung beim Anblick einfacher Dinge. Es strebt nicht nach Schönheit, sondern zielt einzig und allein auf die wahre Natur seines Motivs, etwa eines Baumes, einer Jahreszeit oder eines Gemütszustands. Seine enge Verwandtschaft mit der Tuschmalerei ist offensichtlich; beide zielen durch Konzentration und Reduktion auf das Wesentliche.

Ein berühmtes Haiku von Basho lautet:

Furu ike ya	Der alte Teich.
kawazu tobikomu	Ein Frosch springt hinein.
mizu no oto	Das Geräusch des Wassers.

Die zeitlose Stille des alten Teichs wird durch das sanfte Klatschen des Froschs unterbrochen. Teich, Tier und Garten rücken ins Bewusstsein. Das Verklingen des Geräuschs macht die Stille erst wahrnehmbar. So kann die Vergänglichkeit aller Dinge in einem Augenblick erfahren werden, der im Idealfall dem vorübergehenden Erleuchtungserlebnis im Zen (*kensho*) gleicht.

Anteil weiblicher Autoren schon in der frühen japanischen Literatur, wie sie in zahlreichen, für die japanische Literatur bis heute typischen fiktiven Tagebüchern, etwa dem »Kopfkissenbuch« der **Sei Shonagon** (um 1000), überliefert ist.

Mit dem Erstarken des Bürgertums im 16. und 17. Jh. entwickelte sich eine umfangreiche Unterhaltungsliteratur, die in den Kabuki-Stücken von **Chikamatsu Monzaemon** (1653–1724) ihren Ausdruck findet. Ein besinnlicher Klassiker ist »Auf schmalen Pfaden durchs Hinterland«, ein Reisebericht des Haiku-Dichters **Matsuo Basho.**

Mit der Öffnung zum Westen erfuhr die japanische Literatur eine grundlegende Wandlung. **Natsume Soseki** (1867–1916) schildert die Modernisierung Japans in »Ich der Kater« ironisch aus tierischer Perspektive. Psychologischer Tiefgang zeichnet das Werk von **Akutagawa Ryunosuke** (1892–1927) aus, z.B. die Erzählungssammlung »Rashomon« (deren Verfilmung durch Kurosawa Akira Kinogeschichte machte, › unten).

Eine neue, eigenständige Literatur, die häufig ihre Motive aus der Auseinandersetzung zwischen östlicher und westlicher Kultur bezieht, schufen die großen Romanciers **Kawabata Yasunari** (1899–1972), **Inoue Yasushi** (1907–1998) und **Mishima Yukio** (1925 bis 1970). Die großen Romane der Schriftstellerin **Kono Taeko** (geb. 1926) beleuchten kritisch die schwierige Rolle der Frau in einer von Männern bestimmten Welt.

Oe Kenzaburo (geb. 1935), ein subtiler, präziser Beobachter seiner Umwelt, wurde 1994 mit dem Nobelpreis ausgezeichnet. Ein weltweit bekannter Bestsellerautor mit Tiefsinn ist **Murakami Haruki** (geb. 1949). Zu den interessanten aktuellen Entwicklungen zählen ferner **Suzuki Koji** (geb. 1957) mit seiner Trilogie »The Ring« und die anarchischen Bücher von **Kirino Natsuo** (geb. 1951).

Buch-Tipp Yoshikawa Eiji: **Musashi** (München, Droemer 2000). Voluminöser, aber ungemein spannender Roman über Japans berühmtesten Schwertkämpfer.

Film

»Rashomon« und »Godzilla«, das sind die beiden Gegenpole des japanischen Kinos nach 1945: das subtil gestaltete, auf alte Motive zurückgreifende Drama von **Kurosawa Akira** (1919–1998) und das grelle Monsterspektakel aus den Toho-Studios. Beides gibt es noch heute; allerdings wandeln Regisseure wie **Kitano Takeshi** (geb. 1947) geschickt zwischen Kunst und Trash, wie etwa Kitanos Kostümfilm »Zatoichi – Der blinde Samurai« beweist. Eine große Tradition hat der japanische Zeichentrickfilm *(Anime)*; die Meisterschaft seines wichtigsten Vertreters **Miyazaki Hayao** (geb. 1941) wurde 2003 mit dem Oscar für »Chihiros Reise ins Zauberland« ausgezeichnet.

Maler in seinem Atelier

Musik

Wo immer durch Töne eine typisch japanische Atmosphäre geschaffen werden soll, lässt man die Bambusflöte *Shakuhachi* und das dreisaitige, banjoartige *Shamisen* erklingen. Beide geben mit ihren herben, asketischen Klängen am besten das für alle Zen-Künste so wesentliche Gefühl von *Wabi* und *Sabi* (❯ S. 37) wieder. Wie gefühlsintensiv, ja ekstatisch das Shamisen aber auch gespielt werden kann, erlebt man bei einer Bunraku-Aufführung (❯ S. 37), wo der Shamisen-Virtuose seinen drei Saiten den Ausdruck von Liebe und Schmerz, Wut und Glück entlockt. Ähnlich ausdrucksstark kann die 13-saitige japanische Harfe *Koto* gespielt werden. Diese drei typischen Instrumente stammen, wie auch die auf ihnen gespielte Musik, aus dem 16. Jh.

Weit älter und gänzlich anders instrumentiert ist die strenge, mittelalterliche Hofmusik, **Gagaku** (in Verbindung mit Hoftanz *Bugaku*), mit Mundorgeln, Flöten und zahlreichen Trommeln. Die älteste japanische Musiktradition ist shintoistischen Ursprungs: **Kagura** ist mit würdevollernsten Ritualtänzen verbunden und wird noch heute unverändert in den großen Schreinen des Landes aufgeführt.

Tanz

Der Tanz spielt v.a. im shintoistischen Kult *(Kagura)* sowie im No- und Kabuki-Theater (❯ S. 37) eine große Rolle. So haben alle größeren Schreine eine Tanzbühne, aus der sich Ende des 14. Jhs. die No-Bühne entwickelte. Die traditionellen Tänze Japans unterliegen genau festgelegten Formen und enthalten viele standardisierte symbolische Gesten und Bewegungsabläufe, ohne deren Kenntnis die Darbietung schwer verständlich ist. So kann sich der Unkundige oft nur an den prächtigen Gewändern und der rhythmischen Musik erfreuen.

Geradezu als Gegenbewegung zur Tradition entwickelte sich in den 1950er-Jahren der **Buto-Tanz,** der seither weit über Japan hinaus Aufsehen erregt: Expressivität, Trance, Bemalung des ganzen Körpers, Nacktheit und die Suche nach Grenzerfahrungen lassen eine Seite Japans spüren, die weit entfernt ist von Zen und Konfuzianismus.

Malerei

Mit dem Buddhismus kam die chinesische **Sakralmalerei** *(Kanga)* nach Japan, neben der sich schon früh eine eigenständige japanische Malerei *(Yamato-e)* entwickelte. Ihr auf die Linie als Grundelement konzentrierter Stil findet in der auf das Wesentliche reduzierten **Tuschmalerei** seine Vollendung: Leer gehaltene Flächen und im malerischen Untergrund sich verlierende Linien regen den Betrachter an, das Bild in der eigenen Vorstellung zu vollenden. Häufig sind solche Bilder mit Schrift versehen, die jedoch auch als kunstvolle **Kalligrafie** zum eigenständigen Kunstwerk werden kann. Da die Wahl der Bilder durch die Jahreszeit oder einen besonderen Anlass (z.B. Teezeremonie) bestimmt ist, hat man von China das System der **Rollbilder** übernommen, die sich leicht aufbewahren und bei Bedarf schnell aufhängen lassen.

Ende des 17. Jhs. wurde das Repertoire durch den **Farbholzschnitt** erweitert. Er diente zunächst als Massenmedium zur Illustration alltäglicher Vorkommnisse und der Berichterstattung über das Zeitgeschehen. Durch Meister wie **Harunobu** (1727–1770), **Utamaro** (1753 bis 1806), **Hokusai** (1760 bis 1849) und **Hiroshige** (1797–1858) wurde die Gebrauchsgrafik zur Kunst, die europäische Maler (Gauguin, Klimt, Monet, Munch, Toulouse-Lautrec u.a.) stark beeinflusste.

Eine große Auswahl an originalen und preiswerten nachgedruckten Holzschnitten findet man in Tokyo bei **Sakai Kokodo** (1-2-14 Yuraku-cho, Chiyoda-ku, gegenüber Imperial Tower Hotel, Ⓢ Shimbashi; www.ukiyo-e.co.jp

Manga

Aus der immer schon populär angelegten Tradition des Holzschnitts hat sich unter Einbeziehung europäischer und amerikanischer Einflüsse einer der erfolgreichsten kulturellen Exportartikel Japans entwickelt: Manga, der japanische Comic. In seiner trivialen Form zeichnet er sich durch übergroße Glubschaugen, billigen Sexismus und infantilen Humor aus; es gibt jedoch ein breites Spektrum ausgesprochen qualitätvoller Bände und Reihen, angefangen von dem düster-melancholischen SF-Klassiker »Akira« von **Otomo Katsuhiro** (geb. 1954) bis hin zu den humorvollen Abenteuern von »Ranma 1/2« von **Takahashi Rumiko** (geb. 1957) und »Detektiv Conan« von **Aoyama Gosho** (geb. 1963).

Architektur

Der eigenständige japanische Bautyp ist der Holzpfahlbau, wie er auch in Polynesien anzutreffen ist. Er hat sich bis heute in der Schreinarchitektur, der traditionellen Bauweise des Bauernhauses und z.T. beim privaten Wohnhaus erhalten. Alle Gebäude ruhen auf frei stehenden Pfählen, die auf schweren Steinplatten gründen. Die leichten Wände sind in eine Balkenkonstruktion lose und gegenseitig verschiebbar eingepasst. Charakteristisch ist ferner, dass bei großen Anlagen auf äußere architektonische Symmetrie zugunsten von Übereinstimmung mit Natur und Landschaft verzichtet wird. Die älteste original japanische Bauform ist in den Schreinen von Izumo und Ise bewahrt, wobei diese Bauten immer wieder bis ins kleinste Detail exakt nach ihrem Vorbild neu errichtet werden.

Vom ersten Kontakt mit China an bis weit ins 19. Jh. hinein war die japanische Architektur von chinesischen Formen beeinflusst. Ursprüngliche Kennzeichen sind eine symmetrische Anordnung und symbolhaft gestaltete Grundrisse (z.B Phönix-Form, Byodo-in in Uji). Musterbeispiele hierfür sind der Heian-Schrein in Kyoto (> S. 93) oder der Itsukushima-Schrein auf Miyajima (> S. 121).

Seit den 1960er-Jahren gehören japanische Architekten zu den führenden internationalen Vertretern ihrer Zunft. Bekanntester Vertreter war **Tange Kenzo** (1913–2005), dessen Wirken den Friedenspark in Hiroshima (ab 1949), die berühmte Sporthalle für die Tokyoter Olympiade 1964 und das Rathaus von Tokyo (1991) umspannt. **Ando Tadao** (geb. 1941) ist für seinen kreativen Umgang mit Sichtbeton bekannt.

Echt gut! Moderne Architektur

- Das gelungenste Subzentrum Tokyos ist **Roppongi Hills** mit dem 238 m hohen Mori Tower. > S. 67
- Faszinierend ist die durchbrochene Fassade des **Mikimoto Ginza 2** in Tokyos bekanntester Einkaufsmeile. > S. 66
- Der Lichthof im **Hauptbahnhof von Kyoto** ist ein Meilenstein postmoderner Architektur. > S. 88
- Neues Wahrzeichen Osakas ist das extravagante **Umeda Sky Building**. > S. 105
- Bunt und geschwungen sind die Fassaden des Einkaufs- und Shoppingkomplexes **Canal City** in Fukuoka. > S. 127

Gärten und Parks

Der japanische Garten stellt stets eine Landschaft als Ganzes dar und war bis zum 16. Jh. meist nicht als begehbarer Garten, sondern als ein vom Haus aus zu betrachtendes Landschaftsbild konzipiert. Eine der häufigsten Gartentypen ist der **Berg-Wasser-Garten** (San-sui), dessen Gewässer das buddhistische Weltenmeer und die in ihm liegenden Inseln das Paradies des Reinen Landes (Jodo) darstellen. Die wichtigste

Gerechter Kies bildet in Kyotos Kodai-ji eine imaginäre Meereslandschaft

Rolle in der Gestaltung spielen Steine. Zackige Steine repräsentieren Gebirge, gerundete, bemooste Steine Täler, Kies und Sand Flussläufe, Seen oder das Meer. Es gibt eine breite Palette von Gestaltungsmöglichkeiten: von naturalistischen Landschaftsimitationen bis hin zu rein **abstrakten Gärten,** in denen Land, Berge, Seen und Flüsse beinahe ohne Pflanzen nur durch Steine und Sand dargestellt werden *(Kare-san-sui).* Erst in der Blütezeit des Feudalismus wurden parkartige **Landschaftsgärten** angelegt, die planmäßig als begehbare Parks ausgebaut sind.

Sonderformen sind der **Zen-Garten** und der **Teegarten.** Ersterer ist als kleiner, nicht begehbarer abstrakter Landschaftsgarten – oft ohne Pflanzen – konzipiert und soll Konzentration und meditative Versenkung fördern.

Der Teegarten – eher ein schmaler Weg, der zum Teehaus führt – wird von Sträuchern und anderen Pflanzen, einigen wie zufällig ausgestreuten Steinen und einer Steinlaterne gesäumt. Er soll ein Gefühl von Abgeschiedenheit vermitteln und dem Gast zur inneren Ruhe verhelfen.

Die stimmungsvollsten Gärten

■ Viele charmante Details enthält der Garten des **Hase-dera** in Kamakura, von dem man zudem einen hübschen Blick aufs Meer hat. ❯ S. 76

■ Zur Zeit der Kirschblüte entfaltet sich im Garten des **Heian-Schreins** in Kyoto eine berauschende Pracht. ❯ S. 93

■ Von der Veranda des **Ryoan-ji** blickt man in dessen berühmten Zen-Garten. ❯ S. 96

■ Der **Koraku-en** in Okayama ist ein weitläufiger Landschaftsgarten mit vielen idyllischen Winkeln. ❯ S. 115

Der Kampf der starken Männer

Rituelle Ursprünge

Schon in den Mythen aus vorgeschichtlicher Zeit wird von rituellen Ringkämpfen berichtet. Ein gewaltiger solcher Kampf entschied der Legende nach darüber, wer über das neu geschaffene Land herrschen durfte.

Das kräftige Aufstampfen der Ringer vor dem Kampf und das schwungvolle Werfen von Salz in den aus Lehm gestampften Ring leiten sich direkt aus shintoistischen Beschwörungs- und Reinigungsritualen her. Noch heute findet man an zahlreichen Shinto-Schreinen Sumo-Kampfplätze, wo Amateurringer zur Unterhaltung der Schreinbesucher, aber auch zum Dank an die Götter Sumo-Kämpfe abhalten. Das über dem Ring der großen Sumo-Kampfstätten hängend angebrachte Dach ist aus der Schreinarchitektur abgeleitet.

Eindrucksvolle, **nichtkommerzielle Sumo-Kämpfe** finden alljährlich im April am Yasukuni-Schrein in Tokyo statt. An den Zeremonien, die weniger zur Unterhaltung der Schreinbesucher als vielmehr zur Besänftigung der im Schrein verehrten Kriegsgefallenen durchgeführt werden, nehmen fast alle prominenten Sumo-Ringer teil.

Sumo-Museum

Für echte Fans empfiehlt sich das Museum im Sumo-Stadion Ryogoku Kokugikan (S- und U-Bahn-Station Ryogoku). Geöffnet Mo–Fr 10 bis 16.30 Uhr; während der Turniere tgl. nur für Karteninhaber. Eintritt frei.

Buch-Tipp Marianne und Harald Kellern **Sumo – Der traditionelle japanische Ringkampf**, Berlin, Weinmann 2003. Gründliche Informationen über die Regeln und das Leben der Ringer.

Große und kleine Turniere

Das professionelle Sumo, O-Sumo genannt, wird in einer traditionellen Abfolge von sechs jeweils 15 Tage dauernden Turnieren in vier verschiedenen Städten – Tokyo, Osaka, Nagoya und Fukuoka – durchgeführt. Für die preiswerten Plätze sind unter der Woche normalerweise noch Karten zu bekommen.

Der September ist traditionell die wichtigste Sumo-Saison. Überall im Land finden in Schreinen, auf Dorfplätzen oder Schulhöfen Sumo-Kämpfe statt, meist mit Amateuren, zum Teil aber auch mit prominenten Profis, die zur Mehrung ihres Ansehens sowie ihres Einkommens außerhalb der Turnierzeiten durchs Land tingeln.

Auskünfte zu Sumo (Termine, Veranstaltungsorte) findet man auf der Homepage der japanischen Sumo-Gesellschaft Nihon Sumo Kyokai: www.sumo.or.jp. Ausführliche Informationen auf Deutsch bietet die Fansite www. sumoinfo.de.

Zeremonie und Psychologie

Die prachtvollen rituellen Eröffnungs- und Abschlusszeremonien sollte man sich auf keinen Fall entgehen lassen. Angeführt von den *Yokozuna,* den Ringern mit dem höchsten Rang, betreten die Sumo-Kämpfer (*Rikishi*) in Prunkgewändern den Ring. Vor jeder Begegnung zweier Ringer folgen weitere Ritualhandlungen, zu denen das kraftvolle Aufstampfen und die symbolische Reinigung des Ringes durch Salzstreuen gehören.

Die Kämpfe selbst sind häufig nach dem *Tachi-ai,* dem Moment, in dem die Kolosse von der Startlinie aus aufeinander zustürzen, in wenigen Sekunden entschieden. Ziel des Kampfes ist es, den Gegner entweder zu Boden zu werfen oder ihn aus dem 4,55 m Durchmesser großen Ring hinauszudrängen.

Meist ist es weniger die reine körperliche Kraft oder gewichtsmäßige Überlegenheit, die über Sieg oder Niederlage entscheidet, sondern das raffinierte psychologische Timing, indem etwa durch erneute zeremonielle Handlungen der Angriff künstlich hinausgezögert oder unterbrochen und der Gegner zermürbt wird: Ein Schritt zur Seite in der intuitiv erfassten richtigen Zehntelsekunde, und der Angreifende stürzt ins Leere und in die Niederlage.

Turnierkalender

- **Tokyo:** ab 1. od. 2. So im Jan., ab 2. So im Mai, ab 2. So im Sept.
- **Osaka:** ab 2. So im März.
- **Nagoya:** ab 1. od. 2. So im Juli.
- **Fukuoka:** ab 2. So im Nov.

Feste und Veranstaltungen

Eine Vielzahl von Festen begleitet die Japaner durch Jahreszeiten und Lebensabschnitte, wobei die shintoistischen Feierlichkeiten meist dem Diesseits – Beginn der Aussaat, Arbeit, Zeugung, Geburt, Kindheit und Jugend –, die buddhistischen mehr dem jenseitigen Leben – Alter, Tod und Vergänglichkeit – gewidmet sind (> S. 35).

Kaum ein Tag vergeht, an dem nicht irgendwo ein Matsuri, ein Schreinfest, stattfindet. In prächtigen, farbenfrohen Festzügen mit trag- oder fahrbaren, reich verzierten Schreinen werden die Gottheiten (Kami) durch die Straßen oder über die Felder geführt.

Das beliebteste Fest ist *O-Shogatsu,* Neujahr. Es lässt sich trotz aller kulturellen und religiösen Unterschiede in seiner innigen, familiären Stimmung mit dem deutschen Weihnachtsfest vergleichen. Für drei Tage sind alle Geschäfte und Betriebe geschlossen, und eine ungewohnt feierliche Ruhe liegt über dem Land.

Ähnlich wichtig ist *O-Bon,* das Totenfest, das um den 15. Juli oder nach dem Mondkalender um den 16. August gefeiert wird. Es dient dem Gedenken und der Verehrung der Ahnen, ist jedoch viel heiterer als etwa der westliche Totensonntag oder Allerseelen. Überall gehen die Menschen im bequemen Yukata hinaus, um am fröhlichen Tanz *Bon-Odori* teilzunehmen, der mancherorts zum großen Volksfest wird. Wer kann, reist in dieser Zeit in den Ort, aus dem die väterliche Familie stammt.

Festkalender

1. Januar: O-Shogatsu, Neujahr, Gang zu Tempeln und Schreinen.

14./15. April: Sanno-Matsuri in Takayama, Umzug mit prachtvollen Festwagen.

3. März: Hina-Matsuri, Puppenfest der Mädchen, die auf einem Podest Figuren des kaiserlichen Hofstaates aufstellen; das Arrangement repräsentiert die konfuzianische Gesellschaftsordnung.

20. oder 21. März (Schaltjahr): O-Higan, Tag- und Nachtgleiche; wichtiges buddhistisches Totenfest; in allen Tempeln wird für die Seele der Toten gebetet.

8. April: Hana-Matsuri, Buddhas Geburtstag wird als Blumenfest für die Kinder gefeiert.

3. Maiwochenende: Sanja-Matsuri, ausgelassenes Schreinfest in Asakusa (Tokyo).

5. Mai: Kodomo-no-hi, Tag des Kindes; im ganzen Land hängen die Familien Karpfenfahnen als Symbol der Stärke auf, je eine für Vater, Mutter und jeden Jungen oder jedes Kind.

15. Mai: Aoi-Matsuri in Kyoto, fantastischer historischer Umzug.

17./18. Mai: Sennin-gyoretsu in Nikko, Festzug in historischen Gewändern.

7. Juli: Tanabata-Matsuri, Sternenfest in Erinnerung an eine alte chinesische Liebeslegende mit Feuerwerk und buntem Schmuck.

14.–17. Juli: Gion-Matsuri in Kyoto, Umzug von Festwagen im alten Geisha-Viertel Gion.

Um den 15. Juli oder 15. August: O-Bon, wichtigstes Totenfest zum Gedenken der Ahnen.

Mitte Juli: Kangensai-Matsuri auf deer Insel Miyajima bei Hiroshima; bunte, erleuchtete Boote auf dem Meer, archaische Bugaku-Musik.

15. November: Shichi-go-san, alle sieben, fünf und drei Jahre alten Kinder besuchen mit ihren Eltern die Schreine und werden dort gesegnet.

Essen und Trinken

Die japanische Küche erfüllt seit alters Forderungen, wie sie die moderne Ernährungslehre an eine gesunde Kost stellt: frische, der Jahreszeit entsprechende Zutaten, abwechslungsreiches Gemüse, wenig Fleisch und Fett, dafür viel Fisch und Meeresfrüchte. Dem Feinschmecker gefällt, dass der Eigengeschmack der Zutaten erhalten bleibt und alles erst kurz vor oder während des Essens gemischt wird. Zu den international bekannten Gemüsesorten kommen vielerlei Wildgemüse wie Farne und Bambussprossen, Lotos- und andere Wurzeln sowie Algen, Tang und Pilze auf den Tisch.

Von Fisch bis Nudeln

Außergewöhnlich ist das traditionelle japanische Frühstück. Es besteht in der Regel aus einer würzigen **Miso-Suppe,** die aus vergorener Sojapaste aufgekocht wird, Gemüse, getrocknetem und kandiertem oder auch geräuchertem Fisch. Dazu gibt es Reis und Ei, das häufig roh serviert und in Suppe oder Reis geschlagen wird. Nach einem ausgiebigen Frühstück genügt den Japanern zu Mittag meist ein Reiseintopf oder ein kräftiges Nudelgericht.

Lukullische Freuden im Kaufhaus

Der Besuch eines japanischen Kaufhauses (*Depato*) ist auch in kulinarischer Hinsicht ein besonderes Erlebnis. Ein wahres Paradies für Neugierige sind die Lebensmittelabteilungen im Untergeschoss, wo Marktstimmung herrscht – die Fülle und Vielfalt der Waren ist überwältigend. Hier finden sich auch kleine Imbissecken (z.B. für Sushi, Aalgerichte, lokale Spezialitäten), wo man eine Pause einlegen und dem bunten Treiben zusehen kann. Im obersten Stockwerk ist meist eine Reihe guter und preiswerter Spezialitätenrestaurants untergebracht.

Ein Erlebnis für Gaumen und Auge

Zu den beliebtesten Ingredienzien japanischer Tafelfreuden gehört roher Fisch. In feine Scheiben geschnitten und in einer Mischung aus Sojasoße und Wasabi (sehr scharfer grüner Meerrettich) getunkt wird er als **Sashimi** genossen; dazu wird eingelegter Ingwer *(Shoga)* gereicht. Bei **Sushi** werden die Fischscheiben auf ein Reisbällchen gelegt oder mit Purpurtang in eine Reisrolle gewickelt und mit Sojasoße und Wasabi gewürzt.

Berühmt und mittlerweile auch im Ausland schon oft kopiert worden sind die »Running-Sushi«-Lokale, in denen Sushi auf kleinen Tellern auf einem Förderband an den Gästen vorbeilaufen.

Mit einem dünnen Teig paniert und in Öl ausgebacken werden kleine Fisch- und Gemüsehäppchen zu schmackhaftem **Tempura.** Beim **Sukiyaki** werden dünn geschnittene Rindfleischscheiben angebraten und mit Gemüse, Glasnudeln und Tofu zusammen mit Sake, Sojasoße und etwas Zucker am Tisch gekocht. Die Zubereitung von **Shabu-Shabu** ist ähnlich, nur dass hier das Fleisch gedünstet wird. Höhepunkt der Fleischküche ist das **Teppanyaki:** mundgerechte Filetstücke werden auf einer beheizten Platte zusammen mit klein geschnittenem Gemüse und feinen Soßen vor den Augen des Gastes zubereitet.

Kaiseki

Diese ganz spezielle japanische Küche findet man nicht im Lokal um die Ecke, sondern in feinen, oft versteckt liegenden traditionellen Restaurants *(Ryotei)*. Ursprünglich aus der Teezeremonie kommend, wo dieses Essen der eigentlichen Zeremonie vorausging, ist Kaiseki stark vom Zen beeinflusst und konzentriert sich somit auf das Essenzielle. Es zieht ein in freier Natur gewachsenes Kraut dem gezüchteten vor und verwendet nichts, was der Jahreszeit nicht angemessen wäre. Dabei ist das Einfache zugleich raffiniert, das Schlichte höchst anspruchsvoll und das scheinbar Zufällige mit Bedacht gewählt und arrangiert. Dies gilt auch für das Ambiente und das Gedeck, das mit vielen Lackschälchen und Schüsseln für Suppe, Appetithappen, Würzsoßen, Beilagen und Hauptspeisen – die alle gleichzeitig auf den Tisch kommen und in keiner bestimmten Reihenfolge verzehrt werden – schon ein Augenschmaus ist. Die Gelegenheit, sich ein solches (nicht billiges) Festessen zu gönnen, sollte man sich auf keinen Fall entgehen lassen.

Abwechslungsreich ist die **Nudelküche** Japans. *Soba*-Nudeln aus Weizen- und Buchweizenmehl serviert man in feiner Brühe mit Gemüse, Garnelen oder Fisch- und Fleischstückchen. *Udon* und *Ramen*, dicke bzw. dünne Weizennudeln, werden in zahlreichen Kombinationen zubereitet. Diese Nudelgerichte gibt es fast an jeder Straßenecke. Ebenfalls preiswert und überall erhältlich sind **Donburi**, Eintopfgerichte auf Reisbasis mit unterschiedlichen Zutaten.

Am Eingang vieler Restaurants sind Schaukästen mit Kunststoff-Nachbildungen der angebotenen Gerichte, auf die man im Notfall zeigen kann. Auch einfache Lokale stellen auf Anfrage statt Stäbchen *(O-hashi)* Gabel *(Fohku)* und Löffel *(Supun)* zur Verfügung.

Auf Bahnhöfen gibt es nach lokaler Tradition zusammengestellte Vesperkästchen *(O-bento)*, eine schmackhafte Möglichkeit, sich unterwegs günstig zu verköstigen.

Mehr als nur Sake

Den gesamten Tag, auch Arbeit und geselliges Zusammensein, begleitet **grüner Tee** *(O-cha)*. Traditionelles Nationalgetränk ist **Sake**, der aus gedämpftem Reis unter Zusatz von Hefe und gutem Quellwasser gebraut wird und einen Alkoholgehalt von 15–20 % hat. Im Winter wird er gern in Keramikflaschen auf etwa 40 Grad erwärmt. Ein stärkeres, in letzter Zeit zunehmend wieder in Mode kommendes Gebräu ist der destillierte **Shochu**, der meist mit Eis, heißem Wasser oder Tee gemischt getrunken wird.

Beliebtestes Getränk ist das sehr schmackhafte japanische **Bier** *(Biru)*, das nach deutscher Tradition gebraut wird. Importierte, neuerdings aber auch im Land mit großer Kennerschaft ausgebaute **Weine** ergänzen das Getränkeangebot. Teils recht exotische **Softdrinks** für unterwegs kann man an den quasi an jeder Ecke zu findenden Getränkeautomaten ziehen.

Die besten Spezialitätenlokale

■ Nirgendwo sind die Sushi frischer als im **Tsukiji Edogin** gleich beim Tokyoter Fischmarkt. ❯ S. 69

■ Viele Shabu-Shabu-Lokale sind eher für Gruppen geeignet – auch auf Einzelgäste eingestellt ist das **Shabusen** in der Ginza. ❯ S. 69

■ Gehobene vegetarische Küche aus der Zen-Tradition genießt man in den beiden Filialen des **Hachinoki** vor den Toren des Tokei-ji sowie des Kencho-ji in Kamakura. ❯ S. 76

■ Stimmungsvoll serviert wird das opulente Kaiseki-Menü im **Nishiki** im Kyotoer Stadtteil Arashiyama. ❯ S. 99

■ Okonomiyaki, das volkstümliche Gericht der Kansai-Region und Westhonshus, gibt es besonders lecker in den Lokalen der kleinen Kette **Mitchan** in Hiroshima. ❯ S. 121

■ Shippoku-ryori, die von internationalen Einflüssen geprägte Küche Nagasakis, wird im **Shippoku Hamakatsu** zelebriert. ❯ S. 130

Unterwegs in Japan

Entdecken Sie die einzelnen Reiseregionen –
jeweils mit den schönsten Touren, allem
Sehens- und Erlebenswerten, Hotel-, Restaurant-,
Nightlife- und Shoppingtipps

Tokyo und Osthonshu

Nicht verpassen!

- Einen Blick vom Rathaus in Tokyo über das unendliche Häusermeer werfen
- Zwischen uralten Bäumen zu den fantastisch verzierten Kultstätten von Nikko spazieren
- Durch die historische Einkaufsmeile von Takayama bummeln
- Dem Großen Buddha von Kamakura in die halb geschlossenen Augen schauen

Zur Orientierung

Schon im 19. Jh. war **Tokyo** eine Millionenstadt, und heute ist der Ballungsraum am Rand des Pazifiks mit über 34 Mio. Einwohnern die wohl größte urbane Landschaft der Welt. Allein im Stadtgebiet Tokyo leben 8,5 Mio., in der gleichnamigen Präfektur knapp 13 Mio. Menschen; zusammengewachsen mit der Hauptstadt sind auch die Millionenstädte Yokohama (3,6 Mio.) und Kawasaki (1,4 Mio.).

Von einem der neuen Wolkenkratzer aus gesehen, breitet sich ein schier unendlich scheinendes Mosaik aus Häusern und Straßen aus, hinter dem sich an klaren Tagen in der Ferne der Fuji-san erhebt. Ein äußerst effizientes Netz von U- und S-Bahnen schaufelt die arbeitende Bevölkerung täglich zwischen Wohnort und Arbeitsstätte hin und her, nachts sind die Straßen in buntes Neonlicht getaucht.

Tokyo ist eine faszinierende Stadt, die für jeden etwas bietet. Alte Baudenkmäler sind zwar praktisch nicht mehr vorhanden, aber der elegante Meiji-Schrein und der im traditionellen Stil wiederaufgebaute Tempel von Asakusa vermitteln historische Atmosphäre. Seit neue Techniken zur Vermeidung von Erdbebenschäden die architektonischen Möglichkeiten revolutioniert haben, prägen immer mehr hypermoderne Subzentren wie der Hochhaus-

komplex Roppongi Hills das früher wenig spektakuläre Stadtbild.

Am Rand der Ebene von Kanto, deren Mittelpunkt die Metropole bildet, beginnt die für Japan typische, vulkanisch geprägte Bergwelt. Im Norden locken die prunkvollen Schreine und Tempel von **Nikko**, im Süden liegt **Kamakura:** im Mittelalter Sitz der Shogunatsregierung, ist es heute eine angenehme Stadt am Meer mit uralten Tempeln und dem majestätischen Großen Buddha.

Von Tokyo aus gut erreichbar ist auch das Gebiet rund um den **Fuji-san.** Der ebenso gewaltige wie ebenmäßige Vulkankegel erhebt sich auf einem Hochplateau, auf dem überall heiße Quellen sprudeln. Gute Gelegenheiten, sich in einem Onsen (Thermalbad) zu entspannen, gibt es außerdem auf der idyllischen **Izu-Halbinsel** südlich des Fuji.

Einige Tage Zeit sollte man sich nehmen für eine Reise ans Japanische Meer durch die Berge, die das Rückgrat der Insel Honshu bilden. Auf dem Weg warten die alte Burg von **Matsumoto** und gute Möglichkeiten für eine kurze oder ausgedehnte Wanderung. **Kanazawa** an der Westküste besitzt einen herrlich gestalteten Landschaftsgarten und ein schön restauriertes Samuraiviertel. Eine historische Atmosphäre findet sich auch in **Takayama,** inmitten der Berge gelegen.

Touren in der Region

Metropole und Mittelalter

▬④▬ Tokyo > Nikko > Kamakura

Dauer: 3 Tage
Praktische Hinweise: Alle Ziele sind ohne Probleme mit dem Zug bzw. innerhalb Tokyos auch mit der U-Bahn zu erreichen. Wenn es sich zeitlich einrichten lässt, sollten Sie den Besuch von Nikko und Kamakura möglichst nicht auf den Sonntag legen, da die Hauptattraktionen dann oft von japanischen Touristen überlaufen sind.

Drei Tage brauchen Sie, um die drei absoluten Highlights der Region Kanto zu sehen. Ein Tag für ****Tokyo** > S. 58 reicht zwar eigentlich nicht aus, aber man kann sich doch einen guten Überblick verschaffen.

Auf keinen Fall versäumen sollten Sie den ****Kannon-Tempel in Asakusa** > S. 64 und den Blick vom ***Rathaus** > S. 65 oder dem **Mori Tower** > S. 67.

An den zwei anderen Tagen stehen Ausflüge nach *****Nikko** > S. 69 bzw. ins nahe *****Kamakura** > S. 72 mit dem *****Daibutsu** (Großen Buddha) > S. 75 auf dem Programm.

Abends bleibt jeweils noch genug Zeit zum Shopping (die Geschäfte sind mindestens bis 20 Uhr geöffnet) und zum Bummel durch die im Neonlicht funkelnden Vergnügungsviertel, zum Beispiel **Ginza** > S. 66 oder **Shibuya** > S. 67.

Vom Großen Buddha zum Fuji

▬⑤▬ **Kamakura > Fuji-Gebiet > Izu-Halbinsel**

Dauer: 3–4 Tage
Praktische Hinweise: Verkehrsmittel ist der Zug, im Fuji-Gebiet und auf der Izu-Halbinsel verkehren Busse. Wer sich dem Linksverkehr und der Herausforderung, japanische Verkehrsschilder zu entziffern, gewachsen fühlt, fährt auf dieser Tour auch mit einem Mietwagen gut.

An Sonn- und Feiertagen muss mit großem Verkehrsaufkommen gerechnet werden; dann ist auch die Erholung suchende Bevölkerung der Metropole unterwegs.

Leichtes Gepäck ist für diese Reise angesagt; falls Sie am Ende der Tour Richtung Kyoto weiterfahren, können Sie Ihren großen Koffer vorausschicken.

Ab Hauptbahnhof Tokyo oder in Shinagawa fahren Sie mit der Yokosuka-Linie in ca. 1 Std. nach *****Kamakura** > S. 72. Bringen Sie Ihr Gepäck am Bahnhof in einem Schließfach unter, um mit der gemütlichen Enoden (> S. 76) zum *****Daibutsu** > S. 75 und zum **Hase-dera** > S. 76 zu fahren. Je nach Interesse lohnt sich anschließend ein Besuch des ****Hachiman-gu** ❯ S. 75 und/ oder eines der Zen-Klöster im Norden der Stadt.

Weiterfahrt mit der Tokaido-Linie nach **Odawara,** dem Tor zum Gebiet rund um den *****Fuji-san** ❯ S. 77. Nach einer Übernachtung in einem der vielen Thermalbäder nehmen Sie den Bus nach **Atami,** um auf die vulkanische **Izu-Halbinsel** ❯ S. 78 zu gelangen, eine der landschaftlich schönsten Gegenden Japans. Wieder in Atami, können Sie mit dem Shinkansen nach Tokyo zurückfahren oder nach Westen, Richtung Kyoto, weiterreisen.

Zum Japanischen Meer

— **6** — **Tokyo** ❯ **Matsumoto** ❯ **Kanazawa** ❯ **Takayama** ❯ **Nagoya**

Dauer: 4–5 Tage
Praktische Hinweise: Alle Ziele der Tour sind mit dem Zug erreichbar; für Wanderausflüge in die Berge ab Matsumoto oder Takayama kann es notwendig sein, Busse zu benutzen. Die Touristenbüros in den Bahnhöfen helfen weiter.

Diese Tour führt durch die Berge zum Japanischen Meer und auf anderer Route wieder zurück an den Pazifik.

In **Tokyo** ❯ S. 58 besteigt man einen Express der Chuo-Linie, um über Shiojiri nach **Matsumoto** ❯ S. 79 zu gelangen. Nach einer Besichtigung der ****Burg** ist Zeit, um durch die Straßen zu bummeln. Wenn Sie einen Tag mehr Zeit haben, um in der herrlichen Bergwelt wandern zu gehen, bieten sich von Matsumoto aus gute Gelegenheiten – etwa in Kamikochi oder auf dem Hochplateau Utsukushigahara.

Weiter geht es anderntags möglichst frühzeitig, weil nach **Kanazawa** ❯ S. 81 zweimal umgestiegen werden muss. Es sollte genug Zeit bleiben, damit Sie dort am Nachmittag entweder durch den berühmten Landschaftsgarten ****Kenroku-en** oder das historische Viertel ****Nagamachi** spazieren können.

Am nächsten Tag fahren Sie hinauf nach **Takayama** ❯ S. 80, wo neben der historischen Altstadt auch ein Bauernhofmuseum lockt. Von hier aus schlängelt die Bahn sich durch eine enge Bergschlucht nach **Nagoya,** wo Sie mit dem Shinkansen entweder zurück nach Tokyo oder weiter nach Kyoto reisen können.

Verkehrsmittel

Tokyo ist mit dem Narita International Airport und dem Inlandsflughafen Haneda der zentrale Verkehrsknotenpunkt Japans, hier laufen auch alle Eisenbahnlinien der Region zusammen.

Für den innerstädtischen Verkehr verfügt Tokyo über ein sehr leistungsfähiges S- und U-Bahn-System. Weitere private Bahnlinien bedienen den Pendlerverkehr ins Umland.

Wer im Stadtverkehr mit S- und U-Bahn nicht ständig mit

Kleingeld hantieren will, kauft die für alle Verkehrsmittel gültige JR Suica Card (www.jreast.co.jp) oder die Pasmo Card (www.pasmo.co.jp), die an der Sperre ans Lesegerät gehalten werden (beide ab 1000 Yen).

Nur für die Tokyo Metro (nicht für JR-Bahnen und die U-Bahnen

der Asakusa-, Mita-, Oedo- und Shinjuku-Linie) gültig ist das One-Day Open Ticket (710 Yen) bzw. das nur in beiden Terminals des Flughafens Narita (Schalter in der Nähe des TIC) verkaufte Tourist Metro Ticket für einen bzw. zwei Tage (600 bzw. 980 Yen, www.tokyometro.jp/global/en).

Wichtige Adressen

■ **TIC (Tourist Information Center),** 10. Fl., Tokyo Kotsu Kaikan, 2-10-1 Yurakucho, Chiyoda-ku, Tokyo 100-0006, Tel. (03) 32 01-33 31, tgl. 9 bis 17 Uhr.

■ **TIC Narita,** in Flughafenterminal 1 und 2, Tel. (04 76) 30-33 83 bzw. 34-58 77

■ **Tokyo Tourist Information Center,** im EG des Rathauses in Shinjuku, Tel. (03) 53 21-30 77, www.tourism.metro.tokyo.jp; tgl. 9.30–18.30 Uhr. Alles über Tokyo; gute Stadtviertelpläne.

Tokyo und Osthonshu

0   50 km

Zum japanischen Meer Tokyo › Matsumoto › Kanazawa › Takayama › Nagoya

Unterwegs in der Region

**Tokyo ■

Tokyo ist eine Stadt der Extreme. Da sind einmal die von Menschen überquellenden S- und U-Bahnen, die überfüllten Hochstraßen und Stadtautobahnen, die Express- und Superexpresszüge, deren Trassen sich auf Betonpfeilern rücksichtslos durch die glitzernden und von Lärm erfüllten Wohnquartiere und Geschäftsviertel winden. Aber nicht weit von diesem hektischen Treiben ruht, umgeben von Wassergräben und großzügigen Freiflächen, das weitläufige grüne Areal des Kaiserpalasts: eine Oase der Beschaulichkeit inmitten der schrillen Hektik der Metropole. Solch unverhoffte Orte der Stille sind zahlreich in der japanischen Hauptstadt – auch der Hamarikyu-Garten am Meer, der üppige Wald rund um den Meiji-Schrein und der Park östlich des Wolkenkratzerviertels Shinjuku gehören dazu. Ein Monat wäre eigentlich nicht genug, um alle Facetten Tokyos kennenzulernen, aber an zwei bis drei geschickt geplanten Tagen lässt sich schon ein Eindruck vom Flair der pulsierenden Weltstadt gewinnen.

Rund um den Kaiserpalast Ⓐ

Die Palastanlage mit ihren mächtigen Mauern und breiten Wassergräben ist eines der wenigen Relikte der frühen Edo-Zeit. Kann man den eigentlichen (moder-

Stadtgeschichte

Unter den wichtigen Städten Japans ist Tokyo eine der jüngsten. Edo, so ihr ursprünglicher Name, war lange Zeit ein unbedeutendes Fischerdorf, bis ein Gebietsfürst im strategisch günstig gelegenen Delta mehrerer Flussmündungen im Jahr 1457 eine Burg gründete, die 1590 an Tokugawa Ieyasu (> S. 29) fiel. Ieyasu machte die Stadt 1603 zum Sitz seiner Shogunatsregierung und veranlasste, dass sich 80 000 seiner Vasallen in Edo niederließen. Dazu zwang er die rund 260 Feudalherren (Daimyo), aufwendige Residenzen zu unterhalten. Handwerker und Kaufleute folgten.

Edo wuchs rasch, schon um 1720 überschritt seine Einwohnerzahl 1 Mio. – es war die größte Stadt der Welt. Mit dem Ende des Tokugawa-Shogunats (1868) wurde Kaiser Meiji in der ehemaligen Tokugawa-Residenz installiert, wodurch Edo, das nun Tokyo (»östliche Hauptstadt«) hieß, zur Kapitale des modernen Japan wurde. Das städtebauliche Erbe des alten Edo wurde 1923 von einem verheerenden Erdbeben in Schutt und Asche gelegt. Heute leben im Ballungsraum etwa 34 Mio. Menschen.

Der Kaiserpalast, ein grüne Insel in der Metropole

nen) Palast auch nicht besichtigen, so geben die großen Tore und die noch aus Ieyasus Zeit stammenden zyklopischen Steinwälle mit ihren weiß getünchten und schwarz gedeckten Maueraufbauten und Wachtürmen einen anschaulichen Eindruck vom ausgeprägten Machtbewusstsein der Tokugawa-Shogune.

Der Rundgang um den *Kokyo*, wie der Kaiserpalast auf Japanisch heißt, beginnt am heutigen Haupttor *(Sei-mon)* mit der fotogenen »Doppelbrücke« **Nijubashi B** (**U** Nijubashi-mae). Um zum nördlichen Teil des Festungsgeländes zu gelangen, nimmt man entweder die U-Bahn (Tozai-Linie) von Otemachi nach Kudanshita oder wandert durch den weitläufigen Park ***Kokyo Higashi Gyoen C** (9–16 Uhr, Mo und Fr geschl., Eintritt frei). Betreten wird er am besten durch

das aus gewaltigen Steinen errichtete Tor **Ote-mon.**

Vorbei an weiteren alten Befestigungsanlagen gelangt man durch das nördliche *Kita-hane-bashi-mon* in den **Kitanomaru-koen D**, der ebenfalls einst Teil der Festung Edo war, heute aber eine öffentliche Anlage ist. Zur Zeit der Kirschblüte sind er und das gegenüberliegende Westufer des Wassergrabens ein beliebter Ort, um die üppige Pracht zu genießen. Das markante achteckige Gebäude in seiner Mitte ist das Budokan, ein für die Kampfsport-Wettbewerbe der Olympischen Spiele 1964 errichtetes Stadion.

Yasukuni-jinja **E**

Nordwestlich des gewaltigen Festungstors erreicht man den Yasukuni-Schrein, der 1869 zu Ehren der während der Meiji-Restauration ums Leben Gekommenen

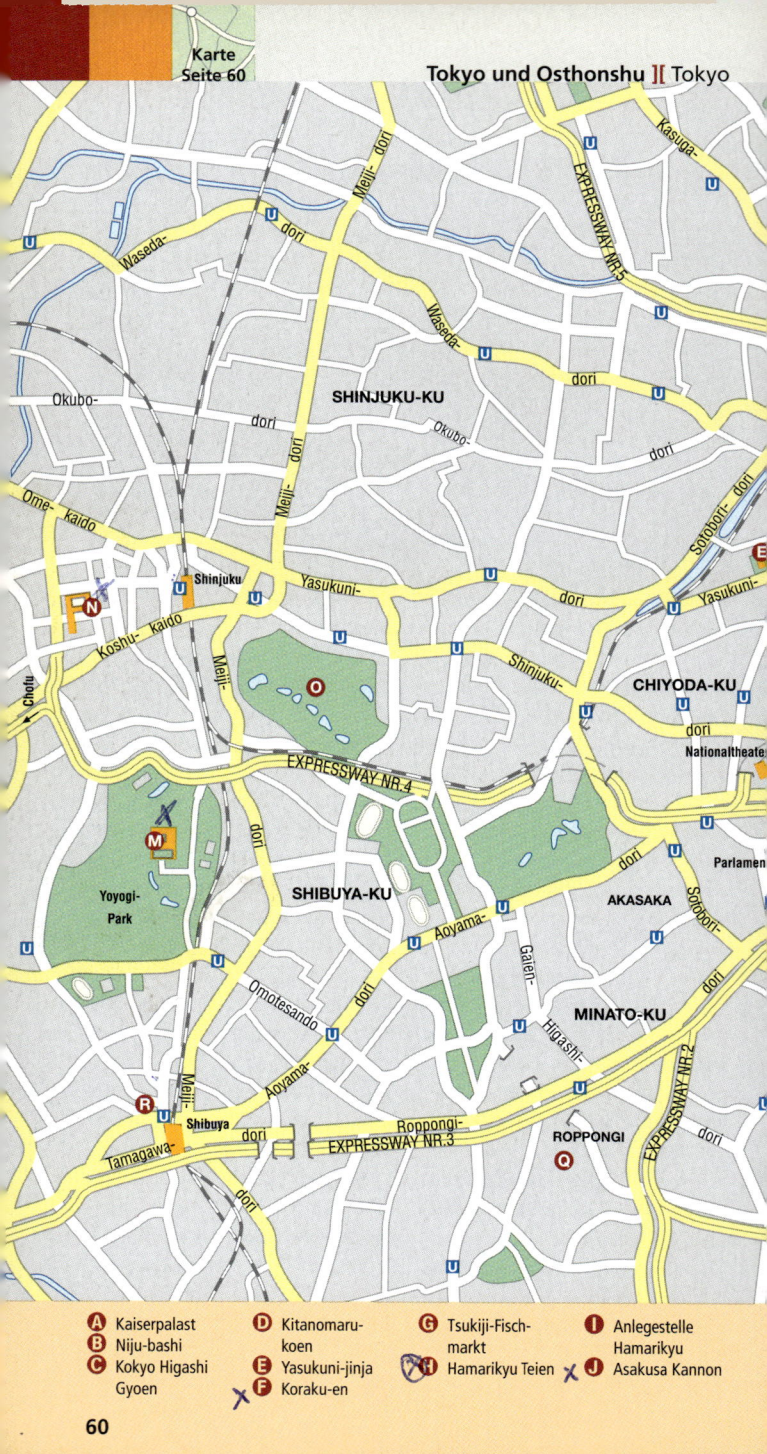

WASEDA-

Okubo-

Ome- kaido

SHINJUKU-KU

dori

Okubo-

dori

Meiji- dori

Waseda-

dori

Kasuga-

EXPRESSWAY NR.5

Chofu

Koshu- kaido

Shinjuku

Yasukuni-

dori

Shinjuku-

Sotobori- dori

Yasukuni-

E

N

Meiji-

O

EXPRESSWAY NR.4

Shinjuku-

CHIYODA-KU

dori

Nationaltheate

Yoyogi-
Park

M

dori

SHIBUYA-KU

Aoyama-

Gaien-

AKASAKA

Sotobori-

Parlamen

dori

dori

Omotesando-

Aoyama-

Higashi-

MINATO-KU

dori

R

Meiji-

Shibuya

dori

Aoyama-

Roppongi-
EXPRESSWAY NR.3

ROPPONGI

EXPRESSWAY NR.2

dori

Tamagawa-

Q

dori

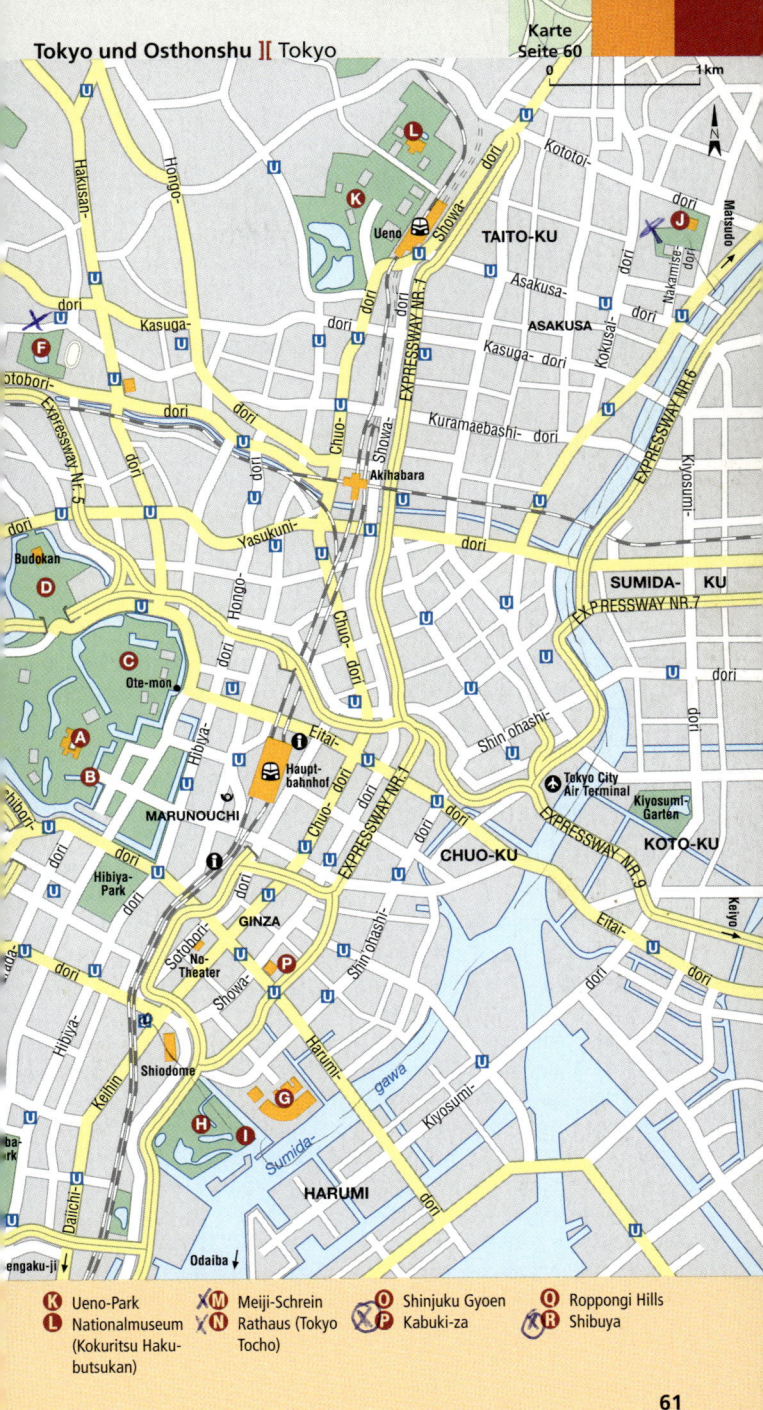

Tokyo und Osthonshu][Tokyo

Hakusan-

Hongo-

Kototoi- dori

TAITO-KU

Matsudo

Ueno

J

dori

Nakamise-

dori

Kasuga- dori

F

Asakusa- dori

ASAKUSA

dori

Kasuga- dori

Kokusai-

dori

otobori- dori

Expressway Nr. 5

dori

Akihabara

Kuramaebashi- dori

EXPRESSWAY NR. 6

Kiyosumi-

dori

Yasukuni- dori

Hongo-

dori

Chuo- dori

Showa-

Chuo- dori

dori

SUMIDA-   **KU**

EXPRESSWAY NR. 7

U dori

Budokah

D

C

Ote-mon

Shin ohashi-

dori

A

B

Eitai-

Hibiya-

i

Haupt-
bahnhof

Tokyo City
Air Terminal

Kiyosumi-
Garten

KOTO-KU

MARUNOUCHI

Chuo- dori

EXPRESSWAY NR. 1

dori

EXPRESSWAY NR. 9

Eitai-

CHUO-KU

dori

Hibiya-

Hibiya-
Park

i

Shin ohashi-

dori

Keiyo

Sotobori-

GINZA

No-
Theater

P

Harumi-

dori

Keihin-

Daiichi-

Shiodome

G

gawa

Kyosumi-

H

I

Sumida-

HARUMI

dori

Odaiba ↓

engaku-ji ↓

61

Thunfischauktion im Fischmarkt

errichtet wurde. Das eindrucksvolle Bauwerk entwickelte sich im Lauf der Jahre zur nationalen Gedenkstätte für alle Kriegstoten und schließlich zum Kristallisationspunkt des japanischen Militarismus und Imperialismus. Seit Jahren rückt der Schrein immer wieder ins Blickfeld des politischen Lebens: In Form von Protesten und Kontroversen mit China und Korea auf der einen und von noch immer weiten Kreisen, die jede Schuld Japans im Zusammenhang mit dem Pazifischen Krieg leugnen, auf der anderen Seite. Ausdruck dieser Haltung ist das direkt neben dem Schrein gelegene historische Museum **Yushukan,** dessen Besuch nicht unbedingt empfohlen werden kann.

*Koraku-en ❻

Weiter geht es in einer guten halben Stunde zu Fuß oder mit der U-Bahn ab Ⓤ Ichigaya westlich des Schreins (Namboku-Linie) bis zur Station Ⓤ Koraku-en. Der Park ist der älteste und bedeutendste Landschaftsgarten Tokyos. Er wurde um 1630 im chinesischen Stil der Ming-Zeit angelegt und beherbergt auch den **Tokujin-do,** einen der sehr seltenen Konfuzius-Schreine Japans.

Tsukiji-Fischmarkt

Nicht nur für Frühaufsteher ist ein Besuch auf dem Tokyoter **Fischmarkt Tsukiji ❼** ein faszinierendes Erlebnis. Der Markt gilt weltweit als der größte seiner Art (tgl. außer So/Fei, manchmal auch Mi geschl.; vorher erkundigen). Die großen Versteigerungshallen, aber auch die Marktstände und Kleinhändlerarkaden bieten beste Fotomotive. Besonders interessant ist die **Thunfischauktion** von 5.30 bis ca. 7 Uhr.

⚠️ Bitte achten Sie auf die mit halsbrecherischer Geschwindigkeit herumkurvenden Elektrowägelchen, die keine Rücksicht nehmen, und denken Sie daran, dass es sich nicht in erster Linie um eine Touristenattraktion, sondern um den Arbeitsplatz der dort tätigen Menschen handelt.

Tokyo Sea Life Park

Wer mehr Freude an lebendigen Meerestieren hat, geht in den Tokyo Sea Life Park an der Bucht von Tokyo, das städtische Aquarium, dessen Hauptattraktion ein gewaltiges Thunfischbecken ist. Ⓢ Kasai Rinkai-koen, JR Keiyo-Linie; www.tokyo-zoo.net/english, Do–Di 9.30–17 Uhr.

Shopping

Die Stände und die in dem Viertel vor dem Eingang befindlichen Lebensmittelgeschäfte mit einer Vielzahl von bunten, exotischen Angeboten lohnen auch noch einen Besuch am späten Vormittag. Echte Leckerbissen findet man auch in den Imbissbuden und kleinen Restaurants, in denen die frische Marktware sofort zubereitet wird (Ⓤ Tsukiji).

*Hamarikyu Teien Ⓗ

Von Tsukiji zu Fuß erreichbar ist dieser hübsche, überschaubare Park, in dem früher eine Villa des Shoguns stand. Ursprünglich lag er direkt an der Bucht, inzwischen blickt man über einen Arm des Sumida-Flusses auf neue, durch Landaufschüttung entstandene Stadtteile. Der Park ist ein typischer Landschaftsgarten der Edo-Zeit mit weiten Rasenflächen und Teichen. Drei lang gestreckte, zum Teil mit dichten Glyzinienspalieren überdachte Stegbrücken führen auf die künstliche Insel Nakajima mit einem Pavillon.

Der Hochhauskomplex jenseits der Stadtautobahn ist **Shiodome,** eines der elegantesten neuen Zentren der Stadt. Seine 13 Wolkenkratzer beherbergen den Hauptsitz mehrerer großer Konzerne wie ANA und Fujitsu, ferner Hotels, Lokale und Boutiquen. Von den durchweg empfehlenswerten Restaurants im 46. und 47. Stock des **Caretta Shiodome** blickt man über die Bucht von Tokyo.

❗ Mit dem Boot ab Anlegestelle Hamarikyu (in Hinode umstei-

gen) oder mit der schicken neuen Yurikamome-Linie, einer vollautomatischen, führerlosen Bahn ab Shimbashi, gelangt man über die Rainbow Bridge auf die künstliche Insel **Odaiba,** ein hypermodernes Subzentrum mit einer Reihe von extravaganten Bauten. Sie ist eines der beliebtesten Shopping- und Vergnügungszentren der Stadt.

Einkaufsmeilen für traditionelle Souvenirs

■ Japanische Messer gehören zu den Topwerkzeugen internationaler Küchenchefs. In jeder Preislage findet man sie in dem Ladenviertel vor dem Tokyoter **Fischmarkt Tsukiji.** ❯ S. 62

■ Frisch aus dem Ofen kommen leckere Reiskekse in den kleinen Läden der Einkaufsstraßen am Kannon-Tempel von **Asakusa.** ❯ S. 64

■ Einfache, formschöne Holztabletts sind ein typisches Produkt der waldreichen Gegend um Takayama, wo sie im alten Viertel **Sannomachi** zu kaufen sind. ❯ S. 80

■ An den zu Kyotos **Kiyomizudera** hinaufführenden Straßen findet sich eine große Auswahl an qualitätvoller und doch preisgünstiger Keramik. ❯ S. 92

■ Yukata, hübsche, bequeme Baumwollkimonos, die sich hervorragend als Bademantel eignen, kauft man am besten in der Kyotoer Shoppingarkade **Teramachi.** ❯ S. 99

■ Den besten Tee gibt es direkt vom Erzeuger in den Läden der alten Teestadt **Uji.** ❯ S. 100

Auf dem Sumida-gawa nach Asakusa

Wer Tokyo einmal von einer ganz ungewöhnlichen Seite kennen lernen möchte, fährt jetzt mit dem Boot *(Suijo-basu;* www.suijobus. co.jp) von der **Anlegestelle Hamarikyu** ❶ aus den Sumida-Fluss hinauf nach Asakusa. Von der viel besungenen Anmut des Flusses war nach dem Krieg und in den Jahren des Wirtschaftsaufschwungs wenig übrig; viele Sünden dieser Boomzeit wurden jedoch inzwischen beseitigt.

Das Boot legt kurz hinter der Azuma-Brücke an, die direkt auf die Kaminarimon-dori führt. Auf ihr gelangt man nach wenigen Minuten zum mächtigen zweistöckigen **Kaminari-mon** mit seinem berühmten roten Riesenlampion. Das Tor gibt den Weg frei in die lebhafte Einkaufsstraße **Nakamise-dori**. Hier und vor allem in der sie kreuzenden, überdachten Passage kann man hübsche Kunstgewerbeartikel und allerhand Leckereien erstehen.

Die Straße führt direkt zum Tempel Senso-ji, der allgemein unter seinem volkstümlichen Namen ****Asakusa Kannon** ❿ bekannt ist. Das heutige Gebäude ist eine Nachbildung der 1651 errichteten Anlage. Dass dies einer der beliebtesten und meistbesuchten Tempel Tokyos ist, zeigt schon die große Zahl der sich im Rauch Reinigenden rund um das bronzene Weihrauchbecken (❿ Asakusa).

Ueno-Park ⓚ

Mit der U-Bahn geht es weiter ins Viertel Ueno (❿ Ueno) und von dort in den angrenzenden Park *(Ueno-koen)*. In seinem großen Teich blühen im Sommer Lotosblüten, zur Kirschblütenzeit ist er Tokyos beliebtester Ort für feuchtfröhliche Partys unter den Bäumen. Im Park befindet sich auch der Tokyoter **Zoo** (> S. 21).

Das ****Nationalmuseum** *(Kokuritsu Hakubutsukan)* ❿ im nördlichen Teil des Parks beherbergt vier Sammlungen von erle-

---

Die Unterstadt

Das sich ständige wandelnde, quirlige urbane Leben, das die japanischen Holzschnitte der Edo-Zeit darstellen, hat ihnen ihren Namen gegeben: Ukiyo-e bedeutet »Bilder aus der fließenden Welt«. Die Kultur von *Shitamachi*, der »Unterstadt«, deren Ausdruck sie sind, ist heute vor allem noch in Asakusa lebendig, wo die Besitzer der kleinen Läden und Lokale wie eh und je direkt über ihrem Arbeitsplatz hausen. Wenn beim Sanja-Matsuri am 3. Maiwochenende die vergoldeten Trageschreine durch die Straßen und Gassen geschleppt werden, bricht sich im Rhythmus der Trommeln eine ausgelassene Fröhlichkeit Bahn, die einen fast anarchischen Gegenpol zu der wohlgeordneten Konsumwelt der schicken Kaufhäuser und Cafés in den modernen Stadtvierteln bildet.

sener Qualität. Das Hauptgebäude zeigt japanische Kunst, u.a. Skulpturen, Keramik, Gemälde, Drucke, Kalligraphien und Lackarbeiten (www.tnm.jp; Di–So 9.30 bis 17 Uhr).

**Meiji-Schrein

Der *Meiji-jingu* ist historisch gesehen noch sehr jung – er wurde erst 1920 zu Ehren des 1912 verstorbenen Kaisers Meiji geweiht – und gehört somit nicht zu den ehrwürdigen Kulturgütern des Landes. Dennoch vermittelt er in der Gesamtheit seiner Anlage eine so überwältigende Atmosphäre von Zeitlosigkeit, Stille und Würde, dass man glaubt, ein uraltes japanisches Heiligtum vor sich zu haben (Ⓤ Meijijingumae, Ⓢ Harajuku, Yamanote-Linie).

Man betritt das weitläufige Schreingelände durch das größte **Holz-Torii** Japans. Eine breite Kies-Allee führt zum Schreinbezirk. Über den weiten Innenhof öffnet sich der Blick auf die großzügigen Schreingebäude mit den schwungvollen Dächern. Am Geburtstag des Kaisers (23. Dez.) werden auf der Bühne vor dem Heiligtum Bugaku-Tänze zu alter Hofmusik aufgeführt, ebenso am 3. Mai und um den 3. Nov.

Ende Juni blühen im zu dieser Zeit zauberhaften **Irisgarten des Meiji-Schreins**, auf halbem Weg zwischen großem Torii und Schrein gelegen, über 80 verschiedene Irisarten.

Lohnend ist ein ausgiebiger Bummel über den zum Schrein führenden Boulevard **Omote-**

Shinto-Hochzeit im Meiji-Schrein

sando: schicke Modehäuser, interessante Geschäfte und gemütliche Cafés laden zum Schauen und Verweilen ein. Im **Oriental Bazaar** gibt es in reicher Auswahl Geschenkartikel; wer Lust auf Sushi hat, setzt sich bei **Heiroku Sushi ›** S. 69 ans Fließband.

Shinjuku

Vom Meiji-Schrein ist es nicht weit zu einem der dynamischsten Stadtteile Tokyos (Ⓢ Shinjuku, Yamanote-Linie). Schon der Bahnhof mit dem größten Personenaufkommen Tokyos ist beeindruckend, ebenso das von hier aus zugängliche riesige unterirdische Einkaufszentrum. Verlässt man den Bahnhof durch den Westausgang, befindet man sich im modernen Wolkenkratzerzentrum der Stadt. Mitsui und Sumitomo, Nomura und zahlreiche andere Topkonzerne haben hier ihre Zentralen.

1 Mit 243 m Höhe ist das ***Rathaus** *(Tokyo Tocho)* Ⓝ das höchste und architektonisch

Ausgefallene Outfits sind Ausdruck gelebter Popkultur unter Tokyos Jugendlichen

gelungenste Gebäude. Es ist ein Spätwerk des berühmten Architekten Tange Kenzo (1913–2005). Von hier aus verwalten über 13 000 Angestellte die Präfektur Tokyo. Es ist frei zugänglich, und man sollte auf jeden Fall mit dem Aufzug auf eine der beiden **Aussichtsplattformen** fahren – der Ausblick von dort ist überwältigend (tgl. 9.30–23 Uhr).

Echt gut!

Vom östlichen Eingang des Bahnhofs gelangt man zum **Shinjuku Gyoen ⓪**. Mit 58 ha ist er der größte Feudalpark Tokyos. Er wurde um 1650 als teils japanischer, teils chinesischer Landschaftsgarten angelegt und Anfang des 20. Jhs. durch einen englischen und einen formalen französischen Garten ergänzt (Di–So 9–16.30 Uhr, Eintritt 200 Yen, Schüler 50 Yen).

Nightlife

Der ideale Ort für einen gepflegten Cocktail mit Panorama ist die **New York Bar** im obersten Stock des Park Hyatt nahe beim Rathaus (tgl. 17–24, Do–Sa bis 1 Uhr).

*Ginza

Mit der U-Bahn geht es weiter zur Ginza, der eleganten Einkaufsmeile (**ⓤ** Ginza). Einige der traditionsreichen Kaufhäuser haben sich eine schicke neue Außenhaut zugelegt. Architektonische Highlights sind unter anderem der **Apple Store** und vor allem **Mikimoto Ginza 2**, das neue Aushängeschild des Zuchtperlen-Imperiums. Wer sich nicht in den noblen Boutiquen, Läden und Kaufhäusern vertrödelt, hat noch Zeit für eine Vorführung (tgl. 11 und 16.30 Uhr) im ***Kabuki-Theater** (*Kabuki-za*) **ⓟ**, einem pompösen

Gebäude an der Harumi-dori. Die Vorstellungen sind ziemlich lang; aber um einen ersten Eindruck von dieser faszinierenden Theaterform zu gewinnen, sollte man die preisgünstige Alternative nutzen, von der Galerie aus einen einzelnen Akt zu sehen.

⚠ Bei Tageslicht wirkt die Ginza nicht sonderlich aufregend. Planen Sie Ihren Besuch lieber in den frühen Abendstunden, wenn eine fantastische Neonlandschaft schillert.

Shopping

Das eleganteste Kaufhaus in der Ginza ist Wako gleich an der zentralen Kreuzung; zum Shoppen besser geeignet sind jedoch die Kaufhäuser Matsuya und Matsuzakaya ganz in der Nähe.

Roppongi Hills und Shibuya

Nach der Wirtschaftskrise der 1990er-Jahre ist in Tokyo ein Bauboom ausgebrochen. Überall schießen kreativ gestaltete Subzentren aus dem Boden, die der Stadt anstelle der meist öden Bürohausarchitektur früherer Jahre einen futuristischen Touch verleihen. Das imposanteste dieser Zentren ist **Roppongi,** wo zwei hypermoderne Hochhauskomplexe entstanden sind. Tokyo Midtown mit dem Luxushotel Ritz-Carlton, im März 2007 fertiggestellt, ist mit 248 m Höhe der derzeit höchste Wolkenkratzer der Stadt.

Architektonisch noch interessanter ist *Roppongi Hills ❶, ein Projekt des Immobilienmagnaten Mori Minoru. Von der Aussichtsetage des elegant gerundeten **Mori Tower** (238 m) hat man einen grandiosen Blick über Tokyo (tgl. 9–1 Uhr; www.roppongihills.com).

Keinesfalls versäumen sollte man einen abendlichen Ausflug zum Bahnhof von **Shibuya** Ⓡ mit der berühmten Kreuzung, über die sich bei Grün aus allen Richtungen die Menschenströme schieben. Riesige Videoschirme und Leuchtreklamen empfangen die Besucher des vor allem bei jungen Leuten sehr beliebten In-Viertels.

Info

■ **Tourist Information Center (TIC)** www.jnto.de (❯ auch S. 57).
■ Tipps zu Veranstaltungen aller Art geben auf Englisch das **Tokyo Journal** (Stadtzeitung; www.tokyo.to) und die **Japan Times** (www.japantimes.co.jp).
■ **Vorwahl Tokyo: (03)**

Tokyo Disneyland

Nicht nur für Kinder ist der japanische Ableger von Disneyland eine Attraktion. **Tokyo Disney Resort,** so der offizielle Titel, liegt gleich östlich der Stadtgrenze und besteht aus zwei separaten Teilen, dem traditionellen »Disneyland« und »DisneySea«, einem Park mit maritimen Themen. Man hat also die Qual der Wahl.
Ⓢ Maihama, JR Keiyo-Linie ab Hauptbahnhof,
www.tokyodisneyresort.co.jp.

Hotels

■ **Imperial Hotel**
**1-1-1 Uchisaiwai-cho, Chiyoda-ku
Tokyo 100-8558
Tel. 35 04-11 11
www.imperialhotel.co.jp**
Traditionsreichstes Hotel Japans im westlichen Stil, dessen wundervoller Backsteinbau einem großen Neubau weichen musste. Erhalten blieben die »Old Imperial Bar« und Teile des Foyers mit dem alten Art-déco-Interieur; ausgezeichnete Küche. ●●●

■ **The New Otani**
**4-1 Kioi-cho, Chiyoda-ku
Tokyo 102-8578
Tel. 32 65-11 11
www.newotani.co.jp**
Trotz seiner 1610 Zimmer hat dieses Superhotel eine ganz persönliche Note. Traumhaft: der großzügige japanische Garten; mehrere Restaurants servieren internationale Spezialitäten. ●●●

■ **Park Hyatt Tokyo**
**3-7-1-2 Nishi-shinjuku, Shinjuku-ku
Tokyo 163-1055
Tel. 53 22-12 34
www.tokyo.park.hyatt.com**
Hypermodernes Luxushotel mit bestem Service, direkt im Wolkenkratzerviertel Shinjuku. Zimmer mit High-Tech-Ausstattung. ●●●

■ **Grand Palace**
**1-1-1 Iidabashi, Chiyoda-ku
Tokyo 102-0072
Tel. 32 64-11 11
www.grandpalace.co.jp**
Angenehme, geräumige Zimmer, ein sehr aufmerksamer Service und relativ moderate Preise machen dieses Hotel zur idealen Bleibe. ●●

■ **Blue Wave Inn**
**2-33-7 Asakusa, Taito-ku
Tokyo 111-0032**

**Tel. 58 28-43 21
www.bluewaveinn.jp/asakusa**
Direkt neben dem Kannon-Tempel von Asakusa steht dieses gemütliche, moderne Hotel. Für die tokyotypischen kleinen Zimmer entschädigt die Lage in einem der interessantesten Viertel der Stadt. ●●

■ **Ginza Capital**
**2-1-4 Tsukiji, Chuo-ku
Tokyo 104-0045
Tel. 35 43-82 11
www.ginza-capital.co.jp**
Zuverlässiges Business-Hotel in sehr günstiger Lage, z.B. fußläufig zum Fischmarkt. ●●

■ **Gimmond**
**1-6 Nihonbashi Odenma-cho, Chuo-ku
Tokyo 103-0011
Tel. 36 66-41 11
www.gimmond.co.jp/tokyo**
Business-Hotel im alten Geschäftsviertel Nihonbashi, unweit des berühmten Kaufhauses Mitsukoshi. Funktionelle Zimmer, gutes Preis-Leistungs-Verhältnis. ●●

■ **Annex Katsutaro Ryokan**
**3-8-4 Yanaka, Taito-ku
Tokyo 110-0001
Tel. 38 28-25 00
www.katsutaro.com**
Modernes Ryokan in ruhiger Nachbarschaft unweit des Ueno-Parks. Funktionelle japanische Zimmer, sehr freundlicher Service. Älter, aber ebenfalls zu empfehlen ist der auf derselben Website zu findende **Katsutaro Ryokan**, **Tel. 38 21-98 08.** ●

Restaurants

Besonders in **Asakusa**, **Ueno** und in den Nebenstraßen der **Ginza** liegen gute, typische Speiselokale. Gut und preisgünstig speist man in den Restau-

rantetagen der großen Kaufhäuser, wo
diverse Lokale jeden Geschmack
befriedigen können, auch wenn man
mal Lust auf Spaghetti statt Sushi hat
(meist bis 22 Uhr).

■ **Ten-ichi**
6-6-5 Ginza, Chuo-ku
Tel. 35 71-19 49
Tempura wird hier nicht einfach zubereitet, sondern zelebriert. Ⓤ Ginza.

●●●

■ **Tsukiji Edogin**
4-5-1 Tsukiji, Chuo-ku
Tel. 35 43-44 01
Nahe dem Fischmarkt; riesige Portio-
nen Sushi. ●●

■ **Shabusen**
Ginza Core Bldg.
Basement 2, 5-8-20 Ginza, Chuo-ku
Tel. 35 72-38 06
Kettenrestaurant mit preiswertem und
gutem Sukiyaki und Shabu-Shabu.
Ⓤ Ginza. ●●

■ **Heiroku Sushi**
5-8-5 Jingumae, Shibuya-ku
Tel. 34 98-39 68
Leckere Sushi am Fließband und Tee
aus der Pipeline auf der Shoppingstra-
ße Omotesando, nahe Ⓢ Harajuku.
11–21 Uhr. ●●

Nightlife

Besonders nette, volkstümliche Knei-
pen findet man in **Asakusa**. In-Viertel
mit einer Riesenauswahl an modernen
Bars, Szene-Lokalen und Diskos sind
Roppongi und **Shibuya**.

⚠️ Das Vergnügungsviertel **Kabuki-
cho** in Shinjuku ist eine Art japanische
Reeperbahn. Man kann dort interesse-
halber ein wenig bummeln, ist als
nicht Japanisch sprechender Gast aber
meist nicht gern gesehen und auch
fehl am Platze.

2 ***Nikko 2

»Sag niemals *kekko* (herrlich),
bevor du nicht Nikko gesehen
hast.« Mit diesem Wortspiel ver-
deutlicht man in Japan den Rang
der im Norden Tokyos in die
großartige Berglandschaft einge-
betteten Schreinanlage von Nikko. Die Gebirgsregion des Nikko-
Nationalparks mit ihren
ausgedehnten Wäldern, Schluchten, Wasserfällen und Seen gehört
zu den schönsten Landschaften
Japans und ist mit der Farben-
pracht ihrer herbstlichen Wälder
v.a. im Oktober und November
ein attraktives Ziel für einen aus-
gedehnteren Ausflug.

Der erste Tokugawa-Shogun
Ieyasu (❯ S. 29) hinterließ genaue

Vorschriften für seine Grablegung. Aus religiösen und politischen Gründen wählte er den Nordosten von Edo, denn nach der Überlieferung droht aus dieser Windrichtung der Einfluss böser Geister. Als Inkarnation einer buddhistischen und shintoistischen Gottheit zugleich wollte der verstorbene Herrscher so noch im Tod seine Residenz schützen und damit auch die Macht seines Clans zementieren.

20 Jahre nach Ieyasus Ableben rief sein Enkel Iemitsu dann 15 000 Handwerker und über 100 der bedeutendsten Künstler seiner Zeit – v.a. solche der chinesisch beeinflussten Kano-Schule – zusammen, um in nur zweijähriger Bauzeit die gewaltigen Monumente am Rand der Berge Nikkos errichten zu lassen. Die gesamte Anlage, die einen buddhistischen und einen shintoistischen Bereich umfasst, steht inmitten eines erstmals zur Bauzeit angepflanzten Waldes aus Kryptomerien. Die ältesten der

gewaltigen Japan-Zedern stammen noch aus dieser Zeit.

Der Tempelbezirk

Der sakrale Bezirk, den man von beiden Bahnhöfen (JR und Tobu) aus gut zu Fuß durch den allerdings wenig bemerkenswerten Ort erreichen kann, beginnt an der leuchtend rot lackierten, kunstvoll über den rauschenden Bergfluss geschlagenen **Heiligen Brücke** *(Shinkyo),* die gegen einen Obolus betreten werden darf. Die ersten Gebäude, auf die man nun trifft, gehören zum ***Rinno-ji,** einem Tempel der Tendai-Schule (❯ S. 34). In der Halle der drei Buddhas *(Sanbutsu-do)* residiert eine Dreiheit aus riesigen, hoheitsvollen Figuren. In der Mitte thront der gnadenreiche Buddha Amida, flankiert von einer tausendarmigen Kannon (rechts) und einer besonderen Manifestation derselben Gottheit, der Bato-Kannon, die als Beschützerin der Haustiere fungiert. Zum Zeichen dafür ist einer ihrer Nebenköpfe der eines Pferdes. Auf dem Weg hinaus ist rechts der Sitz des Priesters für die Feuerzeremonie zu sehen, am oberen Ende der Treppe folgt eine Reihe herrlicher kleinerer Figuren. Originell sind die lackierten Zehennägel des Elefanten.

Die Schreine

Weiter geht es auf der großen, von mächtigen Kryptomerien gesäumten Allee zu der breiten Steintreppe, an der in früherer Zeit das gewöhnliche Volk zurückbleiben musste. Durch ein großes Stein-

Im Tosho-gu: Das prächtige
Yomei-mon

Torii führt der Weg zum ersten Tor des ***Tosho-gu,** dem *Nio-mon* (oder *Omote-mon*) mit expressiven Wächterfiguren. Dahinter liegt ein Hof mit drei prächtig verzierten Speichern, in denen die zeremoniellen Gegenstände für die großen Schreinfeste aufbewahrt werden. In dem unbemalten Gebäude links stand früher ein der Gottheit geweihter Schimmel. Auf der Wand hocken, in Holz geschnitzt, drei Affen, die sich Mund, Ohren und Augen zuhalten. Sie sind ein Symbol für wichtige buddhistische Tugenden: nichts Böses sprechen, nichts Böses hören, nichts Böses sehen.

Nach der nächsten Treppe steht links eine große, von den Holländern – den einzigen europäischen Handelspartnern der Tokugawa – gestiftete Bronzelaterne. An ihr vorbei geht es zu einer Tempelhalle, in der ein Priester das Echo des »weinenden Drachen« demonstriert, ein hübscher Gag.

Geradeaus führt eine steile Treppe zum prächtigsten Gebäude Nikkos, dem **Traumtor** (*Yomei-mon*), überreich verziert mit Figuren, Farben und Formen. Um den Neid der Gottheiten angesichts solcher Prachtentfaltung abzuwenden, ist das Muster an einem der hinteren Pfeiler falsch herum angebracht.

Oben kommt der letzte Vorhof mit dem Gebäude für die Trageschreine (*Mikoshi*, links) und dem in Weiß und Gold gehaltenen *Kara-mon*, dessen Schnitzereien im chinesischen Stil ausgeführt sind. Die zentrale Kulthalle, die

betreten werden kann, nachdem man die Schuhe ausgezogen hat, ist wenig bemerkenswert. Das hat einen einfachen Grund: früher war sie nur den Priestern zugänglich. Das ganze Bemühen der Architektur war aber darauf gerichtet, nach außen, den Besuchern zu, eine verschwenderische Pracht zu entfalten.

Um das oberhalb des Schreins gelegene Mausoleum Ieyasus und das Relief der zu unverhältnismäßiger Bekanntheit gelangten »schlafenden Katze« zu besuchen, muss rechterhand zusätzlich Eintritt gezahlt werden; wirklich lohnend ist beides nicht.

Weitaus interessanter ist ein kurzer Abstecher auf dem Rückweg zu dem wesentlich stilleren **Mausoleum Iemitsu** (*Taiyuin-byo*), wo abseits des Trubels die weihevolle Atmosphäre des Ortes zu spüren ist. Der Weg geht unterhalb des Nio-mon nach rechts ab. Auf dem Weg kommt man am Schrein **Futarasan-jinja** vorbei, der zu Ehren der Gottheit des Berges Nantai (> S. 72) errichtet wurde.

Info

■ **Nikko TIC**
Tobu Station, 4-3 Matsubara-cho
Nikko 321-1404
Tel. 54-24 96
www.nikko-jp.org/english
■ **Vorwahl Nikko: (02 88)**

Verkehr

Anreise von Tokyo mit JR ab Ueno (Shinkansen bis Utsunomiya, dort umsteigen in die Nikko-Linie); direkt und preiswerter mit dem Spacia-Express der Tobu-Nikko-Linie ab Asakusa (vorher reservieren!), Fahrzeit jeweils knapp 2 Std.

Hotels

■ **Hotel Seikoen**
2350 Sannai, Nikko 321
Tel. 53-55 55
www.hotel-seikoen.com/en
Angenehmes, modernes Hotel mit japanischen und westlichen Zimmern in der Nähe des Schreingeländes. ●●●

■ **Annex Turtle Hotori-An**
8-28 Takumi-cho, Nikko 321-1433
Tel. 53-36 63
www.turtle-nikko.com
Sympathische kleine Pension direkt am Fluss, Zimmer im japanischen und westlichen Stil. ●

Ausflug zum *Chuzenji-ko ❸

Bei gutem Wetter (und besonders im Herbst, wenn das Laub der Wälder in herrlich bunten Farben leuchtet) bietet sich ein Ausflug mit dem Linienbus hinauf zu diesem 1271 m hoch gelegenen See an (ca. 50 Min. ab Bahnhof Tobu-Nikko). Die Straße windet sich in 50 atemberaubenden Haarnadelkurven nach oben. Am **Kegon-Wasserfall** sollte man unbedingt mit dem Aufzug nach unten fahren, um das am Felshang herabrauschende Wasser aus bester Perspektive zu betrachten.

Ein einmaliges Panorama von oben erlebt man am Aussichtspunkt *Akechi-daira.* An der Bergstation der Seilbahn schweift der Blick weit über die dicht bewaldeten Hänge und den See. Hoch über dessen rechtem Ufer erhebt sich mit 2484 m der heilige Berg **Nantai,** auf dessen Gipfel sich der Hauptschrein des Futarasan-jinja befindet. Am See entlang geht es durch die weitgehend unberührte Natur weiter nach **Oku-Nikko** mit einer Reihe ruhiger Thermalbäder. Wer sich entspannt ins heiße Wasser legen will, kann das zum Beispiel ausgezeichnet in **Yumoto Onsen** tun, wo es auch wunderschöne Wanderwege gibt.

Hotel

Yunomori
Modernes Ryokan der Spitzenklasse in Yumoto Onsen, ca. 90 Min. von Nikko.
› S. 133. ●●●

***Kamakura ❹

Die Stadt Kamakura, südlich von Tokyo an der malerischen Sagami-Bucht am Beginn der Miura-Halbinsel gelegen, gehört zu den beliebtesten Wochenendzielen der Tokyoter. Der Ort war von 1192 bis 1333 die eigentliche Hauptstadt Japans, nachdem der Shogun Yoritomo aus dem Minamoto-Clan sich bewusst vom höfischen Leben Kyotos absetzte, um hier seine Machtbasis zu errichten. Nach wechselvoller Geschichte versank die Stadt während der Edo-Zeit in Bedeutungslosigkeit. Da die Tokugawa-Shogune zur Legitimierung ihres Machtanspruchs jedoch immer wieder vorgaben, Nachkommen

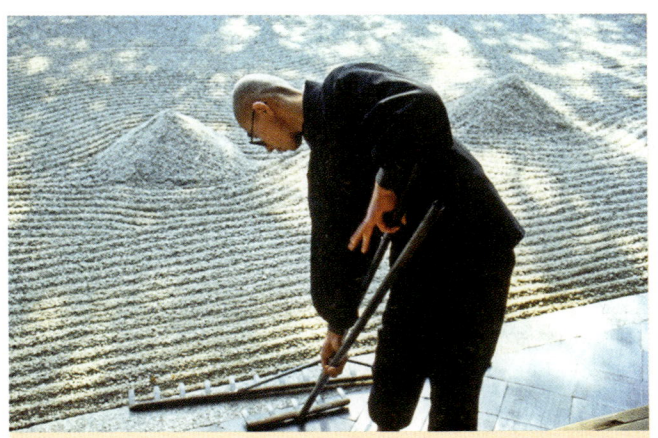

Zen und die Kultur Japans

Für das Shogunat und seine Samurai bot die zur Kamakura-Zeit aus China importierte Zen-Lehre mit ihren Elementen – strenge Askese, Willensschulung, Unterordnung unter einen Meister und Konzentration auf das Wesentliche – eine ideale geistige Grundlage (❯ S. 35). Bald erfüllte der Geist des Zen weite Bereiche des kulturellen und gesellschaftlichen Lebens.

Die Grundidee des Zen, dass der letzte Grund der Dinge unaussprechlich ist und begrifflich nicht gefasst, sondern nur direkt erfahren werden kann, entspricht auch der westlichen Erwartung an Kunst: Sie soll uns die Möglichkeit eröffnen, das nicht Beschreibbare erfahrbar zu machen. Ehe der Tuschmaler also den Pinsel in Aktion setzt, ist er durch Versenkung zum Wesen vorgedrungen, seine Hand malt nur noch nach, was zuvor in seiner Ganzheit nicht gedacht, sondern in direkter, ungebrochener Schau erfahren wurde.

Jedes Einzelding ist in sich vollkommen und repräsentiert immer zugleich das Ganze. So erklärt sich die Bevorzugung unverbundener Motive, nicht aufeinander bezogener, isolierter Teildarstellungen, die Vermeidung von Symmetrien und regelmäßigen Anordnungen, aber auch die Liebe zum Einfachen, Schlichten, Unverzierten und Unverstellten in allen Bereichen menschlichen Schaffens, von der Teeschale über das Tuschbild bis hin zur asymmetrisch angeordneten Tempelanlage.

Der Zen-Ausübende, auch der bereits Erleuchtete, befindet sich immer auf dem Weg, japanisch *Do*. Die Betonung des Unterwegsseins ist nicht nur eine buddhistische Metapher für das Menschsein schlechthin, sondern auch ein Prinzip aller japanischen Künste. *Do* gibt den verschiedensten Tätigkeiten den Namen, z. B. Chado (Teezeremonie, ❯ S. 37), Kado (Ikebana), Judo und Kendo (Schwertkampf). Zusammengefasst bilden die Kampfkünste Bushido, den Weg des Kriegers.

Tsurugaoka Hachiman-gu in
Kamakura

der Minamoto zu sein, sorgten sie dafür, dass die Schreine, Klöster und Tempel Kamakuras über die Jahrhunderte hinweg sorgsam gepflegt und erhalten wurden.

Zen-Tempel im Norden

Mit der Yokosuka-Linie von Tokyo kommend, kann man die Fahrt bereits in Kita-Kamakura unterbrechen und bei einem Rundgang die wichtigsten Sehenswürdigkeiten im nördlichen Teil der Stadt erkunden.

Gleich beim Bahnhof geht es in einen Hain von mächtigen Kryptomerien. Hier steht der **Engaku-ji,** ein 1282 gegründetes Kloster, in dem noch heute Priester ausgebildet werden. Bei einem Rundgang sieht man die typischen Gebäude eines Zen-

Klosters, darunter das mächtige, zweistöckige Tor (San-mon), das Wohnhaus des Abtes (Hojo) und eine Vielzahl malerisch an den Hang geschmiegte kleine Untertempel und Teehäuser. Die 2,60 m hohe Bronzeglocke aus dem Jahr 1301 ist ein frühes Meisterwerk der japanischen Glockengießerkunst.

Auf der anderen Seite der Bahnschienen lohnt nach kurzem Fußweg ein Blick in den **Tokei-ji**, ein früheres Nonnenkloster. Im Volksmund nannte man ihn den »Scheidungstempel«, da misshandelte Frauen sich hier durch einen dreijährigen Aufenthalt als Nonne von ihrer Ehe befreien konnten. Im Garten entfaltet sich in fast jedem Monat des Jahres eine reiche Blütenpracht; besonders schön sind die Aprikosenblüte (Ume) im Februar/März und die Irisblüte im Mai/Juni.

Geht man in derselben Richtung die Straße entlang, kommt nach wenigen Minuten der Eingang zum ****Kencho-ji.** Er ist das bedeutendste der fünf großen Zenklöster Kamakuras und noch in seiner ursprünglichen Form und Funktion erhalten. Wie der Engaku-ji stehen seine Bauten in einem schmalen, von bewaldeten Hängen umgebenen Tal, in dem die für die Zen-Praxis nötige Stille spürbar ist. Eines der stimmungsvollsten Details ist der Teichgarten hinter dem Hojo.

Steigt man am Ende des Tals zum mit skurrilen Bronzefiguren von Bergdämonen (Tengu) geschmückten **Schrein Hansobo**

Ecke
9

hinauf, öffnet sich ein Blick bis hin zum Meer.

**Tsurugaoka Hachiman-gu

Wenn Sie in Kita-Kamakura ausgestiegen sind, gehen Sie am besten zu Fuß hierher; sonst gelangt man vom Bahnhof Kamakura über den von Lokalen und Läden gesäumten Boulevard **Wakamiya-oji** zum Eingang des Schreins. An einem tiefgrünen Berghang gelegen, ist er eines der schönsten Shinto-Heiligtümer. Gewidmet ist er dem Kriegsgott Hachiman, dem Schutzgott des Minamoto-Clans. Dass er genau im Zentrum des Tales steht, verweist auf den militärischen Ursprung der Shogune. Sein Aussehen ist geprägt vom majestätischen Zinnoberrot der tragenden Bauelemente, zu denen feine Schnitzereien und farbenfrohe Ausmalungen im Kontrast stehen.

Im Museum ***Kokuhokan** rechts unterhalb des Schreins sind die bedeutendsten Kunstschätze aus den Kultstätten Kamakuras ausgestellt (Di–So 9–16 Uhr). Besonders Liebhaber von Skulpturen werden hier begeistert sein, da die Kamakura-Zeit den expressiven Höhepunkt der japanischen Skulptur darstellt.

*** Am Daibutsu

3 Monumentale Buddha-statuen, die im Freien sitzen, gibt es zwar im modernen Japan nicht wenige, aber früher war so etwas nicht üblich. Deshalb stand der Große Buddha von Kamakura ursprünglich wie sein Gegenstück in Nara (➔ S. 101) in einer Tempelhalle, bis diese 1498 von einem Tsunami weggespült wurde. Um die Figur herum kann man noch die Grundsteine sehen, auf denen einst die Holzsäulen der Halle ruhten.

Die riesige sitzende Skulptur (13,35 m hoch und 93 t schwer) wurde 1252 aus einzeln gegossenen Bronzeplatten zusammengesetzt. Sie nimmt eine meditative Mudra-Haltung ein: Die Handflächen liegen, nach oben gekehrt, aufeinander, die beiden Zeigefinger stehen senkrecht, berühren sich und bilden zusammen mit den Daumen die zwei Kreise der Vollkommenheit. Diese Haltung drückt in der Symbolsprache des esoterischen Buddhismus »festen

Der Große Buddha von Kamakura

Der Ashi-See vor dem mächtigen Kegel des Fuji

Glauben« aus. Die Augen sind halb geschlossen, die runden Schultern und der sich nach unten und innen verengende Faltenwurf des Gewandes geben der Statue den Ausdruck konzentrierter Ruhe, vollkommener Stille und leidenschaftsloser Versenkung.

In der Nähe liegt in einem **Echt gut!** herrlichen Garten der im Jahr 686 gegründete Tempel **Hasedera.** Der Blick über die Sagami-Bucht ist einmalig. Im Tempelbezirk stehen Tausende von Miniaturfiguren *(Jizo Bosatsu)*, zur Erinnerung an tot geborene und abgetriebene Kinder, gestiftet von deren Müttern. Im Juni blühen am Hang üppige Hortensien.

[!] Statt vom Daibutsu zum Bahnhof zurückzukehren, kann man auch mit der an der Küste entlang zuckelnden Bimmelbahn **Enoden** gemütlich nach Fujisawa fahren und dort zur JR-Linie umsteigen (www.enoden.co.jp).

Info

■ **Kamakura Tourist Association**
im Bahnhof Kamakura, nahe Ostausgang
Tel. 22-33 50
www.city.kamakura.kanagawa.jp
■ **Vorwahl Kamakura:** (04 67)

Restaurants

■ **Hachinoki**
Tel. 23-37 22 bzw. 22-87 19
Gleich vor den Toren des Tokei-ji bzw. des Kencho-ji genießt man im traditionellen Ambiente der beiden Lokale feinste vegetarische Zen-Küche. ●●
■ Im Ortszentrum gibt es an der **Wakamiya-oji** und der **Komachi-dori**, die vom Bahnhofsplatz abgeht, viele preiswerte Spezialitätenlokale.

Shopping

Als nach dem Ende der Kamakura-Zeit die Aufträge für Buddha-Skulpturen rar wurden, wandten sich die Holzschnitzer der Stadt der dekorativen Kunst zu. *Kamakura-bori*, schön verzierte und lackierte Holztabletts, findet man in vielen Geschäften an der **Wakamiya-oji.**

Aktivitäten

■ Zwei **Wanderwege** führen über die Hügel Kamakuras, von denen man bei gutem Wetter bis zum Fuji blicken kann: der Daibutsu Hiking Course (ca. 90 Min.) vom Jochi-ji (nahe Tokei-ji) zum Großen Buddha und der Ten-en Hiking Course (ca. 2 Std.) vom Hansobo-Schrein des Kencho-ji zum Zuisen-ji, einem schön gelegenen Tempel mit einem berühmten Zen-Garten.
■ Beim **Kamakura-matsuri** vom 2. bis 3. Aprilsonntag werden historische Umzüge, traditioneller Tanz und Tee-

zeremonie im Freien geboten. Am letzten Tag kann man die alte Sportart Yabusame erleben, bei der in Samurai-Rüstung gekleidete Reiter vom galoppierenden Pferd aus mit Pfeil und Bogen im Zielschießen wetteifern – ein rasantes Schauspiel, das etwas von der kriegerischen Wildheit des alten Japan spüren lässt.

4 **Fuji-Hako-ne-Nationalpark

Eine Warnung vorab: Man sollte japanische Nationalparks nicht mit ihren amerikanischen Entsprechungen verwechseln. Zwar handelt es sich ebenfalls um landschaftlich schöne Gebiete, der kommerziellen Nutzung werden jedoch nur wenig Schranken auferlegt.

Ein großes Erlebnis ist diese Region dennoch, schon wegen des Fuji, der ebenso ebenmäßig wie gewaltig aus einem vulkanischen Hochplateau aufragt. Die Anreise erfolgt am besten mit dem Odakyu-Express »Romance Car« von Shinjuku nach Hakone-Yumoto; Besitzer des JR-Railpasses fahren mit dem Shinkansen nach Odawara, um in die Odakyu-Linie umzusteigen. Von Hakone-Yumoto klettert die Hakone-Tozan-Linie mit mehreren dramatischen Spitzkehren hinauf nach **Gora**, dann geht es weiter mit einer Zahnradbahn und schließlich mit der Seilbahn nach **Owakudani**, der letzten Stelle, an der in Hakone der Vulkanismus noch dampfend zu Tage tritt.

⚠ Sehr zu empfehlen ist der **Hakone Free Pass**, gültig drei Tage für alle Odakyu-Transportmittel im Hakone-Gebiet (Bahn, Bus, Ausflugsboot), ab Shinjuku 5500 Yen, ab Odawara 4400 Yen (www.odakyu.jp/english).

Am Ashi-See 5

Von dem Spazierweg am Berghang aus kann man an klaren Tagen den die meiste Zeit des Jahres schneebedeckten Kegel des Fuji-san bewundern, bevor man mit der Seilbahn zum Ashi-no-ko hinunterfährt. Mit dem Schiff geht es dann quer über den See nach **Hakone**. Hier verlief in der Edo-Zeit am Ufer entlang die *Tokaido*, die Straße von Edo nach Kyoto. Hakone war ein Kontrollpunkt der dem Gebiet von Tokyo den noch heute gebräuchlichen Namen Kanto (»östlich der Sperre«) gab. Die Rückfahrt nach Hakone-Yumoto oder Odawara erfolgt per Linienbus.

⚠ Wer auf der Rückfahrt nach Odawara in Hakone-Yumoto Station macht, kann im stilvollen öffentlichen Badehaus Tenzan herrlich entspannen (5 Min. per Taxi ab Bhf.).

***Fuji-san – der heilige Berg 6

Der Fuji (das Wort *san* bedeutet einfach Berg) ist mit 3776 m der höchste Gipfel Japans. Er gilt zu Recht als einer der schönsten Vulkane der Welt. Wie eine ganze Reihe von Gipfeln, Inseln und anderen Naturmerkmalen hat er im Rahmen des Shinto einen sakralen Charakter. Ursprünglich war seine Besteigung eine (Männern vorbehaltene) Wallfahrt, was den meisten der täglich ca. 3000 Wanderern, die heute während der kurzen Saison (1. Juli–27. Aug.) den Gipfel erklimmen, aber wohl kaum bewusst sein dürfte. Erreichbar ist die 5. Station *(Fuji go-gome)*, von der die meisten Wanderer aufbrechen, auch direkt mit dem Bus von Shinjuku aus.

! Eine Alternative zur Route über Hakone ist **Kawaguchiko**, ein Urlaubsort am Ufer des gleichnamigen Sees, der direkt mit der Bahn (JR Fujikyuko-Linie) zu erreichen ist. Den besten Fuji-Blick hat man hier von der Bergstation der Tenjo-zan-Seilbahn.

Info

Der beste Online-Guide zur Fuji-Besteigung: **http://mountfujiguide.com**.

Hotels

■ **Mikawaya**
Exzellentes Ryokan in Kowakudani,
〉 S. 133. ●●●
■ **The Prince Hakone**
144 Moto-hakone
Hakone-machi 250-0592
Tel. (04 60) 83-11 11
www.princejapan.com
Direkt am Ufer des Ashi-Sees steht dieses angenehme, großzügige Resort-Hotel mit herrlichem Thermalbad. Kostenloser Shuttle zum Bahnhof Odawara. ●●●
■ **Fuji-Hakone Guest House**
912 Sengokuhara
Hakone-machi 250-0631
Tel. (04 60) 84-65 77
www.fujihakone.com

Familiäre, preisgünstige Pension mit Zimmern im japanischen Stil und eigenem kleinen Badebecken im Garten. ●

Izu-Halbinsel **7**

Diese vulkanische Halbinsel mit ihrem fast subtropischen Klima gehört zu den schönsten Landschaften Japans, zumindest, wenn man den stark touristischen Norden außer Acht lässt und sich auf den Süden konzentriert.

Wer Izu als Alternative zum Fuji-Gebiet besucht, kann direkt mit dem JR-Odoriko-Express vom Hauptbahnhof Tokyo anreisen; von Hakone aus fährt man erst mit dem Bus nach **Atami**, um dort den Zug zu besteigen. Der Ort hat eine Shinkansen-Station, ist also auch geeignet für die Weiterfahrt nach Westen. Atami selbst ist zwar ein fürchterlich vollgebauter Touristenort, beherbergt aber eines der interessantesten Museen Japans, das von dem exzentrischen Multimillionär Okada Mokichi gestiftete **MOA Museum of Art** (Website: www. moaart.or.jp).

Die Bahnlinie endet in **Shimo-****da**, einer idyllisch an der Küste gelegenen Stadt, die eine große historische Bedeutung hat. Sie war einer der ersten beiden Häfen, die nach der jahrhundertelangen Abschließung des Landes auf Druck der Amerikaner für ausländische Schiffe geöffnet wurden. Die älteren Häuser sind im Namako-kabe-Stil gehalten, gekennzeichnet durch ein dekoratives Muster aus Fliesen mit dicken, nach außen gewölbten Gipsfugen. Ins Wasser springen kann man in Shirahama, einem weißen Sandstrand 4 km nördlich der Stadt.

Einen Tag Zeit braucht man für einen Bus-Ausflug von Shimoda nach **Matsuzaki** entlang der schroffen, dramatischen Küste. Die Rückfahrt erfolgt am besten quer durch die Halbinsel über Osawa Onsen.

Hotels

Shimoda Bay Kuroshio
4-1 Kakisaki, Shimoda 415-0013
Tel. (05 58) 27-21 11
www.baykuro.co.jp
Ein angenehm modernes Ambiente samt Blick aufs Meer bietet dieses auch über die Japanese Inn Group (❯ S. 109) buchbare Hotel. ●●

Matsumoto ⑧

Inmitten der Berge im Zentrum von Honshu liegt Matsumoto auf einem Hochplateau, umgeben von Thermalbädern und Wandergebieten. Vom Bahnhof aus geht es in die **Nakamachi-dori**, eine hübsche Einkaufsstraße mit alten Gebäuden und Läden, in denen das lokale Kunsthandwerk angeboten wird. Nach einer Viertelstunde taucht die **★★Burg** (*Matsumoto-jo*) auf, die älteste japanische Festung, die noch erhalten ist. Wuchtig und doch elegant erheben sich die Wände aus schwarzem Holz und weißem Gips über den Steinwällen, umgeben von einem breiten Wassergraben. Ein außergewöhnliches Detail, das

man sonst nur bei Villen findet, ist ein Türmchen zur Mondbetrachtung (*Tsukimi-yagura*).

Liebhaber der japanischen Holzschnittkunst finden im **Ukiyo-e-Museum** eine ausgezeichnete Sammlung. Ansonsten ist Matsumoto ideal für einen ein- oder zweitägigen Ausflug in die Natur – aufgrund der Höhe allerdings nur in der warmen Jahreszeit. Mit dem Bus in 1,5 Std. zu erreichen ist das ca. 2000 m hohe Plateau **Utsukushigahara**, ein beliebtes Ausflugsziel. Noch schöner wandern kann man im kaum weiter entfernten Gebiet von Kamikochi. In der Nähe des Busbahnhofs herrscht zwar Touristentrubel, aber sobald man den engen Aktionsradius der Spaziergänger überschreitet, wird es deutlich ruhiger. Das weite Bergtal, durch das der Azusa-Fluss sprudelt, bildet ein spektakuläres Panorama.

Info

■ **Tourist Information Center**
im Bahnhofsgebäude, 2. Stock
Tel. 32-28 14
http://welcome.city.matsumoto.nagano.jp
■ Vorwahl Matsumoto: (02 63)

Hotels

■ **Matsumoto Hotel Kagetsu**
4-8-9 Ote, Matsumoto 390-0874
Tel. 32-01 14
www.mcci.or.jp/www/kagetsu/eigo-index.htm
Angenehmes Mittelklasse-Hotel in der Nähe der Burg, gutes Preis-Leistungs-Verhältnis. ●●

■ **Kamikochi Onsen Hotel**
4469-1 Kamikochi
Tel. (02 63) 95-23 11
www.kamikouchi-onsen-spa.com
Modernes Ryokan direkt am Fluss; leckeres Essen und originelle Thermalbecken. ●●

Takayama

Um die alte Handwerkerstadt in den Bergen zu erreichen, muss sich der Zug durch ein enges Bergtal schlängeln, das einen guten Eindruck vom ländlichen Japan vermittelt. Lange in einem Dornröschenschlaf versunken, ist Takayama heute ein bekanntes Touristenziel, hat sich seinen Charme jedoch bewahrt.

Ein fester Programmpunkt jedes Aufenthalts ist der Besuch eines der beiden Morgenmärkte (größer ist der am Fluss), wo die Bauersfrauen aus der Gegend ihr Gemüse verkaufen. Auch Souvenirs und allerhand Kram werden angeboten.

5 Gleich nach der Öffnung sollte man auch einen Rundgang durch das ****Takayama Jinya** machen, ein historisches Amtsgebäude aus der Edo-Zeit. Es gibt kaum Orte, an denen die japanische Architektur mit ihrer harmonischen Verbindung von Innen- und Außenraum so prägnant erfahrbar wird wie hier.

Viel Zeit werden Sie wahrscheinlich in **Sannomachi** verbringen, dem Altstadtviertel mit der vielleicht hübschesten Einkaufsstraße Japans. Die meisten Gebäude stammen noch aus der Edo-Zeit und sind ihrer heutigen Funktion behutsam angepasst. Nirgendwo findet man auf so engem Raum so viel schönes und qualitätvolles Kunsthandwerk wie hier.

Im nördlichen Teil der Altstadt sind zwei alte Kaufmannshäuser, benannt nach den Familien Yoshijima und Kusakabe, von innen zu besichtigen; in Ersterem ist ein kleines Volkskunstmuseum angesiedelt. Sehenswert ist auch die Ausstellung im **Takayama Yatai Kaikan**, wo einige der prachtvollen, zweistöckigen Festwagen zu sehen sind, die bei den beiden großen Festen der Stadt (14./15. April und 9./10. Okt) durch die Straßen gezogen werden.

Mit einem vom Bahnhof startenden Bus gelangt man ins nahe Freilichtmuseum **Hida no Sato**. Malerisch am Hang steht hier eine Reihe mit Stroh gedeckter alter Bauernhäuser und Hütten.

🛈 Auch von Takayama aus kann man per Bus einen Tages- oder Zweitagesausflug nach **Kamikochi** unternehmen (❯ S. 79); ein weiteres lohnendes Ziel ist das Bergdorf **Shirakawa-go** mit seinen archaischen Bauernhöfen. Auskunft im Fremdenverkehrsbüro am Bahnhof.

Info

■ **Hida Tourist Information Office**
vor dem Bahnhof, Showa-machi, 1-chome, Takayama 506-0053
Tel. 32-53 28
www.hida.jp
■ **Vorwahl Takayama: (05 77)**

Straße in Takayama

■ **Takayama Green Hotel**
2-180 Nishinoisshiki-cho
Takayama 506-0031
Tel. 33-55 06
www.takayama-gh.com/
tgh_globaltop.html
Resort-Hotel mit allen Annehmlichkeiten, darunter ein herrliches Thermalbad; Zimmer in japanischem und westlichem Stil. ●●●

■ **Minshuku Kuwataniya**
1-50-30 Sowamachi
Takayama 506-0007
Tel. 32-50 21
www.kuwataniya.com
Familiäre, freundliche Unterkunft mit preiswertem, leckerem Essen, Leihfahrräder kostenlos. ●

Suzuya
24 Hanakawa-machi
Tel. 32-24 82
Knapp 10 Minuten vom Bahnhof, in der Nähe des Tempels Kokubunji gelegen. Leckere lokale Spezialitäten wie *Hida-gyu*, das zarte Rindfleisch der Gegend, das genauso gut, aber bei weitem nicht so teuer ist wie das aus Kobe. Di geschl. ●●

Kanazawa ⑩

Die Stadt (455 000 Einw.) liegt zwar ein gutes Stück abseits der üblichen Route, der europäische Besucher meist folgen, aber die Reise lohnt sich auf jeden Fall. Dass Kanazwa stolz auf sein kulturelles Leben ist, sieht man schon an dem extravaganten neuen Bahnhofsgebäude. Nicht weniger (post)modern ist das **21st Century Museum of Contemporary Art** *(21 Seiki Bijutsukan),* einer der architektonisch interessantesten Bauten der letzten Jahre mit einem umfassenden Konzept, das Ausstellungen und Events einschließt (in der Nähe des Kenroku-en, Tel. 2 20-28 00, www.kanazawa21.jp).

Von alters her berühmt ist die Stadt durch den ****Kenroku-en**, einen der drei großen Landschaftsgärten Japans.

Im Gegensatz zu den kleineren Tempelgärten, wie sie etwa in Kyoto zu finden sind, entfaltet sich hier eine weitläufig wirkende und doch exquisit bis ins kleinste Detail gestaltete Natur. Wer dem Besucherandrang entgehen will, kommt am besten frühmorgens oder gegen Abend, wenn die Tourbusse schon abgefahren sind.

Nagamachi ist die zweite große Attraktion des Ortes, ein von Kanälen durchzogenes historisches Viertel, in dem früher die Samurai residierten. Es ist gefühlvoll restauriert worden, was in Japan nicht selbstverständlich ist. Zwischen den Lehmwänden der mit Ziegeln gedeckten Häuser spaziert man über das Kopfsteinpflaster der engen Gassen. Innen zu besichtigen ist das **Nomura-Haus mit einem hübschen Ziergarten.

Info

■ **Tourist Information Center**
im Bahnhofsgebäude
Tel. 2 32-55 55
www.kanazawa-tourism.com
■ **Vorwahl Kanazawa: (0 76)**

Hotels

■ **Excel Hotel Tokyu**
2-1-1 Korinbo, Kanazawa 920-0961
Tel. 2 31-24 11
www.tokyuhotelsjapan.com
Gehobener Komfort in idealer Lage, nur wenige Minuten von Nagamachi und dem Kenroku-en entfernt. ●●●

■ **Toyoko Inn**
13-23 Showamachi
Kanazawa 920-0856
Tel. 2 24-10 45
www.toyoko-inn.com/e_hotel/00110
Neues, sehr akzeptables Budgethotel direkt am Bahnhof. ●

Restaurants

Otomoro
2-27 Oyama
Tel. 2 21-03 05
Hier wird *Kaga-ryori*, die feine lokale Küche, stilvoll zelebriert. Zum Genuss trägt die historische Atmosphäre des 200 Jahre alten Hauses bei. In der Nähe der Burg gelegen. ●●●

Ausflug auf die Noto-Halbinsel

Wie ein gebogener Finger ragt nördlich von Kanazawa eine zerklüftete Landschaft ins Japanische Meer. Wer sie erkunden will, muss sich einen Tag Zeit nehmen. Am besten geeignet ist eine Tour mit dem Mietwagen; man kann aber auch mit dem Expressbus vom Bahnhof Kanazawa nach **Wajima** fahren.

Wer nach der Erkundung der malerischen Hafenstadt noch Zeit und Lust hat, stößt noch ein Stück weiter zum Dorf **Sosogi** vor, wo zwei bemerkenswerte ländliche Adelsresidenzen zu bewundern sind. Auf der Fahrt bieten sich immer neue Blicke auf Küste und Meer.

Torii-Weg im Fushimi Inari-taisha in Kyoto

Kyoto, Osaka und Umgebung

Nicht verpassen!

- In Kyoto auf dem Philosophenweg am Bach entlang zum Gingaku-ji spazieren
- Die Rolltreppe in der gewaltigen Halle des Bahnhofsgebäudes von Kyoto bis ganz nach oben fahren
- Im Kaiyukan-Aquarium von Osaka den Walhai vorbeiziehen sehen
- Auf dem Koya-san morgens dem Priester bei der Sutrenrezitation lauschen

Zur Orientierung

Kansai, also die Region um die Städte Osaka (2,6 Mio. Einw.), Kobe (1,5 Mio.) und Kyoto (1,4 Mio.), ist – neben Kanto mit der Hauptstadt Tokyo – das zweite große Ballungsgebiet Japans. Etwa 18 Mio. Menschen leben hier.

Gleichzeitig ist die Region von uralter Geschichte geprägt. Hier erstreckte sich das Reich Yamato, nach dem Mythos der Ursprung des japanischen Kaisertums, hier liegt auch Japans erste Hauptstadt Nara. Aufgrund der älteren Geschichte, aber auch in Konkurrenz zu Tokyo, ist man in Kansai stolz darauf, etwas anders zu sein und mehr Humor und Lebensart zu haben. Tatsächlich vermittelt das urbane **Osaka** eine deutlich genussfreudigere Atmosphäre als die oft ein wenig steif und hektisch wirkende Hauptstadt.

Aus touristischer Sicht bietet Kansai so viel Verschiedenes, dass man gut auswählen muss. Wenn Ihr Interesse mehr dem modernen Japan gilt, werden Sie sich auf Osaka und das nach dem verheerenden Erdbeben von 1995 noch moderner wirkende **Kobe** konzentrieren.

Kyoto, viele Jahrhunderte lang kulturelles Zentrum des Landes, hat eine überwältigende Zahl interessanter Bauten und Gärten zu bieten. Sind Sie zum ersten Mal hier, werden Sie natürlich die berühmten Highlights wie den Kinkaku-ji nicht verpassen wollen, aber da es so viele Besichtigungsoptionen gibt, ist es nicht schwer, darüber hinaus Orte zu finden, an denen sich die Besucher nicht auf die Füße treten.

Im Süden von Kyoto breitet sich eine alte Kulturlandschaft aus, die heute immer stärker verstädtert. Ihre ursprüngliche Atmosphäre ist aber noch an vielen Orten spürbar. In **Uji,** dem Anbaugebiet des feinsten grünen Tees, hat sich der extravagante Phönix-Tempel erhalten. **Nara**

Zen-Garten des Silbernen Pavillons in Kyoto

lockt mit seiner gewaltigen Buddhafigur und weiteren Heiligtümern in einem bewaldeten Park.

Etwas außerhalb steht der ehrwürdige **Horyu-ji**, eine der ersten und gewaltigsten buddhistischen Klosteranlagen Japans mit den ältesten Holzbauten der Welt.

Von Hügeln, Wäldern und Bambushainen geprägt ist die Kii-Halbinsel. Die wichtigsten Sehenswürdigkeiten sind hier der archaische **Schrein von Ise** ganz im Osten und der im südwestlichen Teil gelegene Klosterberg **Koya-san**. Ein Besuch beider Orte gewährt einen Einblick in die Ursprünge von Shinto und Buddhismus, jener Religionen, die Japan gemeinsam geprägt haben.

Touren in der Region

Im alten Zentrum Japans

⑦ Kyoto › Uji › Nara › Horyu-ji

Dauer: 3–4 Tage
Praktische Hinweise: Beste Verkehrsverbindungen › S. 87

Zwei Tage brauchen Sie auf jeden Fall, um in ****Kyoto** › S. 88 nicht nur die Standard-Attraktionen zu besuchen, sondern auch einen Eindruck von der reichen Kultur zu bekommen, die sich dahinter verbirgt. Historische Atmosphäre pur strahlt z.B. das weitläufige Gelände des ****Daitoku-ji** › S. 97 aus. Ein weiterer Tag ist für einen

Ausflug nach *****Nara** › S. 100 reserviert. Ziel ist auf jeden Fall der Große Buddha im *****Todai-ji** › S. 101. Wer nicht noch einen weiteren halben Tag anhängen will, muss sich entscheiden, ob er vorher in Uji am *****Byodo-in** › S. 99 mit seiner beeindruckenden Phönix-Halle aussteigt oder hinterher einen Abstecher zum *****Horyu-ji** › S. 102 macht. In beiden Fällen lernt man die ebenso elegante wie zurückhaltende Architektur des frühen Mittelalters kennen.

Zu den Ursprüngen

⑧ Kyoto › Ise › Nara

Dauer: 2 Tage
Praktische Hinweise: Besitzer des JR-Railpasses gelangen von Kyoto nach Ise, indem sie per Shinkansen nach Nagoya fahren und dort in den Express nach Ise umsteigen. Sonst ist die Kintetsu-Bahn besser. Will man v. a. die Kansai-Region erkunden, empfiehlt sich der 5 Tage gültige Kintetsu-Railpass (www.kintetsu.co.jp).

Diese Reise führt zu zwei der ältesten und stimmungsvollsten Kultstätten Japans, dem shintoistischen Schrein von Ise und dem buddhistischen Tempel Todai-ji in Nara. Sie ist damit den Ursprüngen der beiden Religionen gewidmet, die bis heute die gemeinsame Grundlage der japanischen Kultur bilden.

Von *****Kyoto** › S. 88 aus fährt man nach zunächst nach **Ise**

> S. 103. Der **Schrein** in seinem ehrwürdigen Kryptomerienhain ist architektonisch nicht wirklich spektakulär, die mystische Atmosphäre des Ortes kann jedoch einen sehr tiefen Eindruck hinterlassen.

Am nächsten Tag geht es durch die Bergtäler der Kii-Halbinsel nach **Nara** > S. 100, wo mit dem **Todai-ji** > S. 101 einer der ehrwürdigsten buddhistischen Tempel Japans zu besichtigen ist.

Von Nara kann man anschließend nach Kyoto zurückkehren oder nach Osaka weiterfahren.

Kansai gestern und heute

9 **Osaka > Kobe > Kyoto**

Dauer: 3 Tage
Praktische Hinweise: Beste Verkehrsverbindungen > S. 87

Wenn Sie sich mehr für das moderne Japan interessieren, sollten Sie sich in **Osaka** > S. 104 einquartieren. Zu den modernen architektonischen Highlights gehören das **Umeda Sky Building** und das **Kaiyukan-Aquarium**. Ein ereignisreicher Tag

Kyoto, Osaka und Umgebung

reicht aus, um alles zu erkunden. Zwei weitere Tage dienen Ausflügen nach **Kobe** ❯ S. 106 mit dem neu gestalteten Hafengebiet und nach *****Kyoto** ❯ S. 88, das den historischen Kontrast bietet.

Verkehrsmittel

Der Kansai International Airport von Osaka wird von allen wichtigen Linien direkt angeflogen. Der innerjapanische Verkehr läuft hauptsächlich über den alten Flughafen Osaka-Itami.

Für die beschriebenen Touren eignet sich am besten die Bahn, nur für eine ausgedehntere Fahrt auf die Kii-Halbinsel lohnt sich ein Mietwagen. Wer in der Region bleibt, nimmt am besten einen Kintetsu-Pass (www.kintetsu.co. jp). Überhaupt ist man hier besser beraten, sich nicht auf die JR-Linien zu fixieren; oft sind die Züge der anderen Bahngesellschaften eine günstigere Wahl.

Osaka besitzt ein gut ausgebautes U-Bahn-System, in Kyoto gibt es nur zwei U-Bahn-Linien, weshalb man meist die städtischen Busse oder die nicht allzu teuren Taxis benutzen muss.

Wichtige Adressen

■ **TIC (Tourist Information Center)** im Kansai International Airport, Ankunftshalle, Tel. (07 24) 56-60 25, April–Okt. 8.30–20.30, sonst 9–21 Uhr.
■ **www.kippo.or.jp:** Englischsprachiges Internet-Portal mit vielen nützlichen Informationen.
■ **JTB Sunrise Tours,** Tel. (0 75) 3 71-79 10, www.jtbgmt.com/sunrisetour Geführte Bustouren auf Englisch.

● **7**
Im alten Zentrum Japans
Kyoto ❯ **Uji** ❯ **Nara** ❯ **Horyu-ji**

● **8**
Zu den Ursprüngen
Kyoto ❯ **Ise** ❯ **Nara**

● **9**
Kansai gestern und heute
Osaka ❯ **Kobe** ❯ **Kyoto**

Unterwegs in der Region

***Kyoto

Kyoto gilt als Inbegriff japanischer Kultur. Eine erste flüchtige Begegnung muss indes jeden Besucher enttäuschen: Gesichtslose Straßenzüge mit bunter Zufallsarchitektur zerstören zunächst alle hoch gespannten Erwartungen. Aber plötzlich endet eine Häuserzeile. Mächtige weiße, mit schweren schwarzen Ziegeln gedeckte Mauern ziehen sich fast einen Kilometer weit die Straße entlang. Durch reich verzierte große Tore gelangt man auf ein weiträumiges Gelände, aus den weißen Kiesflächen erheben sich mächtige Tempelbauten. Man tritt ein in eine fremde Welt und fühlt sich sogleich in eine andere Zeit versetzt. Ein solcher Sprung aus der lärmenden Gegenwart in die umhegte Stille von Tempeln, Schreinen und Gärten gelingt in Kyoto auf Schritt und Tritt. Zwei Tage sollte man mindestens einplanen, um einen ersten Eindruck von dieser Stadt zu gewinnen.

Rund um den Hauptbahnhof

Die riesige, halb offene Halle an der Nordseite des 1997 eröffneten

Stadtgeschichte

Heian-kyo, die Hauptstadt des Friedens, wie Kyoto zunächst hieß, wurde ab 793 im Auftrag des Kammu-Tenno (737–806) nach dem Vorbild der damals blühenden Hauptstadt der chinesischen Tang-Dynastie, Chang'an, auf freiem Feld errichtet. Hierbei ging man recht unjapanisch nach einem streng geometrischen Plan vor, dessen rechtwinkliger Straßenverlauf noch heute zu erkennen ist. Die den Kamo-Fluss querenden Straßen tragen keine Namen, sondern wurden einfach der Reihe nach durchnummeriert, wobei man im Norden mit der Ichijo (*ichi* = eins) begann.

Die Stadt erlebte nach einer glanzvollen frühen Blüte in der nach ihr benannten Heian-Zeit ein wechselvolles, oftmals schweres Geschick. Besonders im 15. und 16. Jh. herrschte ein ständiger Machtkampf zwischen verschiedenen Fürstenclans, an dem sich auch der kriegerische Mönchsorden des Hiei-zan beteiligte. Als Oda Nobunaga die nun Kyoto genannte Stadt im Jahr 1569 eroberte, fand er sie in einem erbärmlichen Zustand vor. Er und sein Erbe Hideyoshi begannen unter großem Aufwand mit dem Wiederaufbau. Da der auf Hideyoshi folgende Shogun Tokugawa Ieyasu sein Machtzentrum nach Edo (Tokyo) verlegte, konnte Kyoto nie wieder seine alte Bedeutung erlangen konnte, ist bis heute jedoch das Herz der traditionellen japanischen Kultur geblieben.

Häuser am Kamo-Fluss in Kyoto

Bahnhofsgebäudes ist einer der interessantesten postmodernen Bauten Japans. Fährt man mit der mehrteiligen Rolltreppe nach oben, bietet sich vom <mark>Dachgarten</mark> aus ein Blick über die ganze Stadt. Ein Stockwerk darunter betritt man die Restaurantetage des schicken Kaufhauses Isetan, ein buntes kulinarisches Paradies. Im ersten Stock hält das städtische Fremdenverkehrsbüro gut aufbereitete Informationen zu jedem Thema bereit.

Nicht weit vom Bahnhof (Südseite) steht der älteste Tempel Kyotos, der ****To-ji** Ⓐ. Er wurde erstmals zwei Jahre nach Gründung der Stadt errichtet und 823 von Kobo Daishi, dem auch politisch einflussreichen Gründer der Shingon-Schule (**›** S. 35), als Hauptsitz übernommen. Die Vortragshalle *(Kodo)* enthält ein aus 21 Holzskulpturen bestehendes Figurenmandala, ein faszinieren-

der Anblick. In der Mitte thront die mächtige Gestalt des kosmischen Buddhas Dainichi. Die 56 m hohe, fünfstöckige Pagode ist die höchste des Landes und das alte Wahrzeichen Kyotos.

Am 21. jedes Monats kann man auf dem Gelände des To-ji über den größten **Flohmarkt** von Kansai bummeln.

Westlich des Bahnhofs steht an der Horikawa-dori der ****Nishi Hongan-ji** Ⓑ. Er ist der Hauptsitz eines der beiden Zweige der in der Edo-Zeit gespaltenen Jodo-Shin-Schule. Frei zugänglich sind ein großer Teil des weiten Tempelgeländes mit der nördlichen und südlichen No-Bühne sowie die riesige **Haupthalle** aus dem Jahr 1760 mit einer Statue des Amida-Buddha. Weitere Räume, darunter die Staatshalle Hideyoshis *(Shiro-shoin)* und der elegante Pavillon Hiun-kaku, sind nur im Rahmen einer Führung zugänglich, für die

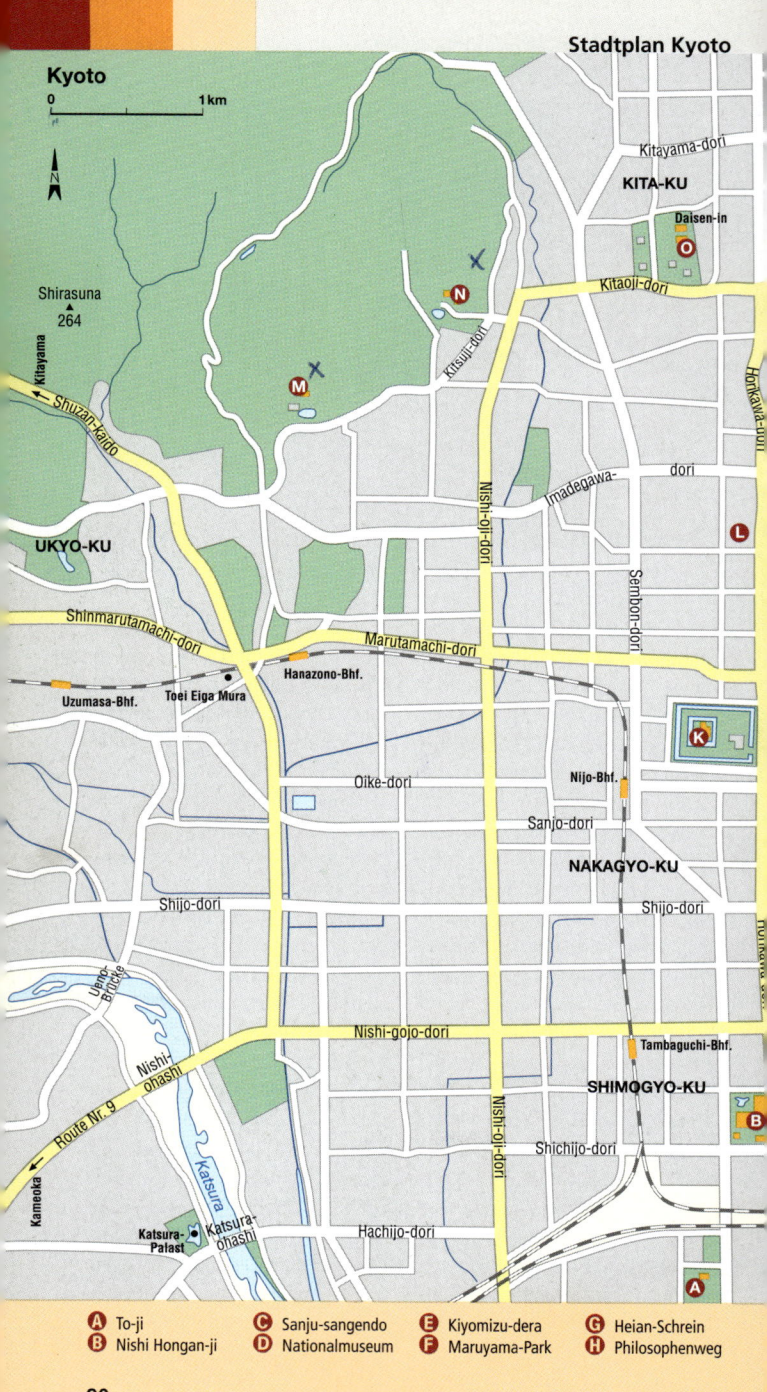

Kyoto

Stadtplan Kyoto

KITA-KU

Kitayama-dori

Daisen-in **O**

Kitaoji-dori

N

Kitsuji-dori

Shirasuna
▲ 264

← Kitayama

Shuzan-Kaido

M

Nishi-oji-dori

Imadegawa-

dori

L

UKYO-KU

Sembon-dori

Shinmarutamachi-dori

Marutamachi-dori

Hanazono-Bhf.

Uzumasa-Bhf.   Toei Eiga Mura

Oike-dori

Nijo-Bhf.

K

Sanjo-dori

NAKAGYO-KU

Shijo-dori   Shijo-dori

Unno-Brücke

Nishi-
ohashi

Nishi-gojo-dori

Tambaguchi-Bhf.

SHIMOGYO-KU

B

← Route Nr. 9

Nishi-oji-dori

Shichijo-dori

← Kameoka

Katsura

Hachijo-dori

Katsura-
Palast   Katsura-
ohashi

A

| **A** To-ji | **C** Sanju-sangendo | **E** Kiyomizu-dera | **G** Heian-Schrein |
| **B** Nishi Hongan-ji | **D** Nationalmuseum | **F** Maruyama-Park | **H** Philosophenweg |

90

Stadtplan Kyoto

Obama ↑

Shugakuin-
Palast

Takano

Kamo

U

Kitaoji-dori

imei-
dori

Karasuma-dori

Shimogamo-hon-dori

Kawabata-dori

Shirakawa-dori

SAKYO-KU

KAMIGYO-KU

Higashioji-dori

Imadegawa-dori

J

I

Daimonji
▲
466

H

Kawaramachi-

Maratumachi-dori

G

U

Oike-dori

Sanjo-dori

Higashiyama Driveway

Kamo

U

GION

F

Yamato-oji-dori

Gion
Corner

Gojo-dori

E

Kazan
▲
221

Higashi-Hongan-ji

Shosei-
en

D

Shichijo-dori

C

HIGASHIYAMA-KU

ℹ

U

✈

YAMASHINA-KU

Nagoya, Tokyo

Hauptbahnhof

Route Nr. 1 →

Kannon-Statuen im Sanju-sangendo

man sich normalerweise mindestens einen Tag vorher im Tempelbüro anmelden muss.

Die Haupthalle des zweiten großen Jodo-Shin-Tempels, des **Higashi Hongan**-ji an der Karasuma-dori, wird derzeit renoviert und ist von der gewaltigen, scheunenartigen Struktur verhüllt, die seit Jahren das Stadtzentrum dominiert.

6 **Sanju-sangendo** C

Vom Ufer des Kamo-Flusses, an dem man übrigens auch schön entlangspazieren kann, sind es nur wenige Minuten zum Sanju-sangendo, einem der außergewöhnlichsten Tempel Kyotos. Sanju-san bedeutet »dreiunddreißig«. Mit dieser Zahl sind die genormten Zwischenräume zwischen den Säulen des lang gestreckten Gebäudes (119 m) gemeint, die wiederum die 33 Manifestationen der Gnadengottheit Kannon symbolisieren. Im Inneren der Halle stehen in lan-

gen, gestuften Reihen **1001 Statuen** der Gottheit in ihrer tausendarmigen Form. Die zentrale, sitzende Figur wurde von einem der bedeutendsten Bildhauer Japans, Tankei, um 1254 geschaffen. Wie die expressiven Gestalten ihrer 28 Begleiter und jene des Wind- und Donnergottes zählt sie zu den bedeutendsten Bildwerken der Kamakura-Zeit.

Nationalmuseum D

Gleich gegenüber lohnt sich ein Rundgang durchs Nationalmuseum (Kokuritsu hakubutsukan). Sein reicher Bestand gibt einen umfassenden Überblick der japanischen Kunst und Geschichte. Bei den meisten Exponaten handelt es sich um Leihgaben aus Klöstern und Schreinen der Kansai-Region. Im Erdgeschoss sind die archäologischen Sammlungen, Keramik und Skulpturen untergebracht, im ersten Stock Malerei, Kalligrafie, Textilien, Lackwaren und Metallarbeiten.

Kiyomizu-dera E

Etwa 1 km nordöstlich des Nationalmuseums liegt an einem Berghang einer der schönsten Tempel der Stadt, der Kiyomizu-dera. Über eine pittoreske, enge Ladenstraße mit vielen kleinen Geschäften, in denen traditionelle Töpferei- und Porzellanprodukte angeboten werden, steigt man zum Tempel auf. Die ältesten Gebäude des Heiligtums stammen aus der Momoyama-Zeit. Mithilfe einer kühnen Holzkonstruktion, die an ihrer höchsten

Stelle 50 m senkrecht aufragt, hat man auf einem Steilhang eine künstliche Plattform geschaffen, auf der die Haupthalle ruht. Von hier aus bietet sich ein weiter Blick auf Kyoto und die umliegenden Hügel.

Gion

Biegt man auf dem Rückweg dort, wo sich die Straße spaltet, rechts auf die nach unten führende Treppe ab, gelangt man durch die charmanten Gassen Sannenzaka und Ninenzaka zum **Maruyama-Park** Ⓕ. Zur Zeit der Kirschblüte geht es hier äußerst lebhaft zu. Der **Yasaka-jinja** an seinem westlichen Rand ist der volkstümlichste Schrein der Stadt. Hier beginnt das alte Vergnügungsviertel **Gion.** Perfekt erhalten ist die historische Atmosphäre in dem geschmackvoll restaurierten Sträßchen Hanami-koji, wo sich ein traditionelles Lokal an das andere reiht.

An der Westseite des Kamo-gawa kann man auf der Veranda der Restaurants direkt am Fluss sitzen. Gute japanische Küche bietet z.B. das **Izumoya** (an der Shijo-dori) mit seinen charakteristischen Glaswänden. ●●

*Heian-Schrein Ⓖ

Der Heian-Schrein wurde erst im Jahr 1895 zum 1100. Jahrestag der Gründung der Stadt erbaut. Dennoch ist er ein sehenswertes Beispiel für eine weit ältere Architektur, denn er ist – in verkleinertem Maßstab (5:8) – die getreue Nachbildung der kaiserlichen

Staatshalle aus dem Jahr 794. Sein symmetrischer Aufbau ist charakteristisch für den damals dominanten chinesischen Stil, aus dem sich die japanische Architektur späterer Zeiten entwickelt hat. Links neben dem Hauptgebäude gelangt man durch ein Tor zu einem aufwendig gestalteten Landschaftsgarten, der nicht nur zur Kirschblüte ein traumhafter Ort zum Verweilen ist.

Shopping

Der **Fureaikan** im Untergeschoss des Miyako-Messe-Gebäudes südlich des Heian-Schreins präsentiert nicht nur das faszinierende Spektrum des Kyotoer Kunsthandwerks, der Museumsshop ist auch eine Fundgrube für qualitätvolle Souvenirs (tgl. 9–17 Uhr, Eintritt frei).

Restaurant im Gion-Viertel

Philosophenweg  und Silberner Pavillon

Am Nanzen-ji, einem großen Zen-Kloster am Rand der Hügel, beginnt der **Philosophenweg** *(Tetsugaku-no-michi)*, dessen Name auf Nishida Kitaro (1870–1945) zurückgeht, einen der bedeutendsten Denker des 20. Jhs. Kitaros täglichem Spaziergang folgend, schlendert man unter Kirschbäumen an einem Bach entlang zum ***Ginkaku-ji**, dem Silbernen Pavillon. An der Bezeichnung ist zu sehen, dass es ursprünglich kein Tempel war, sondern eine aristokratische Villa. 1482 von dem Ashikaga-Shogun Yoshimasa errichtet, wurde sie nach dessen Tod in ein Kloster umgewandelt.

Der bescheidene Bau ist ein Musterbeispiel für elegantes Understatement. Vom Obergeschoss aus, das sich durch die für die Zen-Architektur typischen glockenförmigen Fenster auszeichnet, widmete der Erbauer sich der stillen Betrachtung des Vollmonds. Aus dieser Funktion erklärt sich die extravagante Gestaltung des Gartens mit einer weiten, die Wellen des Meeres darstellenden Sandfläche und einem exakt geformten Stumpfkegel. Dahinter befindet sich ein hübscher Moosgarten.

Kaiserpalast

In Zentrum Kyotos breitet sich ein 84 ha großer, rechteckiger Park aus, der von einer Mauer umschlossen ist. Heute frei zugänglich, war er früher ein streng umschirmter Bezirk, denn in seiner Mitte steht der frühere Kaiserpalast *(Gosho)*. Wer ihn besichtigen will, muss vorab im Büro am Westtor eine Erlaubnis beantragen. Die heutigen Gebäude wurden um 1855 nach mehreren Bränden im alten Stil wieder aufgebaut und mit fein gefügten Rindendächern gedeckt. Von dem Begriff Palast darf man sich nicht täuschen lassen, denn anders als in der europäischen Architektur handelt es sich nicht um einen mehrstöckigen Bau, sondern um 18 niedrige, meist durch gedeckte Korridore verbundene Einzelbauten.

**Nijo-Schloss

Leichter zugänglich und auch interessanter ist das südwestlich vom Kaiserpalast an der Horikawa-dori gelegene Nijo-Schloss (*Nijo-jo*), erbaut als Kyotoer Sitz der Tokugawa. Es ist ebenfalls in mehrere, durch geschlossene Korridore verbundene Gebäudeteile gegliedert. Auffallend sind die burgartigen Befestigungsanlagen, deren mächtige Mauern und Wassergräben den Machtanspruch des Shogunats repräsentieren. Die beweglich gelagerten, beim Begehen quietschenden Dielen in den langen Fluren – romantisierend als »Nachtigallenboden« bezeichnet – machen deutlich, wie groß das Sicherheitsbedürfnis der Erbauer war.

Die anmutigen Gebäude mit ihren harmonisch ausladenden schwarzen Dächern und goldverzierten Giebeln gliedern sich ganz natürlich in einen weiten, lichten Landschaftsgarten ein. Alles ist auf Wirkung und Repräsentation angelegt, dennoch wirkt die Gesamtanlage nicht pompös. Das üppige Gold der bemalten Schiebetüren zeugt jedoch vom Selbstbewusstsein der Tokugawa.

Nördlich des Nijo-jo befindet sich das alte Seidenviertel **Nishijin**. In den schmalen Seitenstraßen kann man noch in die offenen Webereien, für die Kyoto

Die Geisha

Geisha und Fuji, Kirschblüten und Mandelaugen, Kimono und Essstäbchen – man könnte die Liste westlicher Japan-Klischees beliebig lange fortsetzen. Nichts wäre damit über die Wirklichkeit Japans gesagt und dennoch etwas durch und durch Japanisches umschrieben. Bei dem Begriff Geisha etwa denkt man an raffinierte Erotik und durch eingeübte Konventionen verfeinerte Prostitution.

Festzustellen ist, dass die Tradition der Geisha-Unterhaltung heute keine nennenswerte Rolle mehr spielt. Das liegt nicht nur an den sehr hohen Kosten für Ausbildung und Ausstattung, sondern auch an der sich verändernden Realität. Ursprünglich durchaus in einem Bereich angesiedelt, in dem sich Tanz, gesangliche und instrumentale Unterhaltung sowie käufliche Liebe eng berührten, löste sich der Beruf der Geisha nach der gesetzlichen Abschaffung des Menschenhandels 1872 endgültig von der Prostitution. Es verblieb die Aufgabe, in die nüchternen, von strengen Regeln und Verpflichtungen bestimmten Beziehungen innerhalb der Männergesellschaft einen Hauch von Poesie, Schönheit und kultivierter Zerstreuung zu bringen. Mit der allmählichen Auflösung dieser Gesellschaftsstruktur und der Einbeziehung von Ehefrauen und Familien ins berufliche und gesellschaftliche Umfeld der Männer wurde diese Funktion zunehmend überflüssig, und heute ist die Geisha auch für Japaner etwas sehr Exotisches. In den Gassen von Gion kann man abends mit etwas Glück einer Vertreterin dieser alten Kunst begegnen; die jungen, in äußerst bunte Kimonos gewandeten Damen, die man häufiger sieht, sind *Maiko*, Geishas in Ausbildung.

von alters her berühmt ist, einen Blick werfen. Sehenswert sind die Ausstellung und die perfekt arrangierten Vorführungen im Textilzentrum **Nishijin Ori Kaikan** . Durch den kommerziell-touristischen Charakter sollte man sich nicht vom Besuch abhalten lassen, denn das Zentrum bietet hervorragende Einkaufsmöglichkeiten (tgl. 9–17 Uhr; Eintritt frei, www.nishijin.or.jp).

***Ryoan-ji Ⓜ mit Steingarten

Der Ryoan-ji am Fuß der grünen Hügel im Nordwesten der Stadt beherbergt den wohl berühmtesten und im besten Sinne eigenartigsten Zen-Garten Japans. Sein Schöpfer ist unbekannt.

Das von einer bescheidenen, ziegelgedeckten Lehmmauer umgebene Karree ist das extremste Beispiel für den nur aus Stein und Sand bestehenden Typ des Trockengartens *(Kare-san-sui)*.

Auf einer in regelmäßigen Längsrillen geharkten weißen Kiesfläche, die weder Baum noch Strauch enthält, sind 15 größere und kleinere Steine und Felsen in Gruppen zu sieben, fünf und drei verteilt. Um diese Gruppen herum ist der Kies in Wellenringen kreisförmig geharkt, so dass ein Bild von Inseln im Meer oder aus dem Nebel herausragenden Bergen entsteht.

Nehmen Sie sich Zeit, sich auf die Veranda zu setzen, den Trubel rundum auszublenden und das einfache und zugleich raffinierte Arrangement auf sich wirken zu lassen. Die großen Schiebetüren des Gebäudes in Ihrem Rücken sind mit schwungvollen Tuschbildern bemalt.

Ein ungemein hübsches Fotomotiv ist der kleine Brunnen vor dem Teezimmer an der Rückseite des Gebäudes. Die vier eingemeißelten Schriftzeichen drücken das Ziel der Teezeremonie aus: »Ich übe nur, gelassen zu sein.«

Auf dem Rückweg muss man nach rechts abbiegen, um den großen Teich zu umrunden. Der Garten, dessen Zentrum er bildet, ist nach dem Prinzip der geborgten Landschaft angelegt, das heißt, in die Gestaltung sind auch die Berge und Bäume jenseits der Mauern mit einbezogen. Dies wird besonders deutlich, wenn man von der dem Tempel gegenüberliegenden Seite über den Teich blickt.

Ninja in Action

In der Filmstadt **Toei Uzumasa Eiga Mura**, 2 km südwestlich des Ryoan-ji, werden Samurai-Filme gedreht. Besucher können einen Blick auf die Sets werfen; außerdem gibt es ein Museum für Filmgeschichte, allerhand Attraktionen für Kinder und eine Ninja- und eine Special-Effects-Show (www.eigamura30.com/english).

Restaurant

Tofu-Liebhaber können im idyllischen **Garten des Ryoan-ji** *Yu-dofu* (Tofu in heißer Brühe) kosten, eine Spezialität der Stadt.

Kinkaku-ji, der Goldene Pavillon

7 ***Kinkaku-ji N

Vom Ryoan-ji zu Fuß erreichbar ist der Kinkaku-ji, der Goldene Pavillon. Wie der Ginkaku-ji, sein »silbernes« Gegenstück im Osten (> S. 94), war er ursprünglich kein Tempel, sondern eine Villa. Der elegante, von dem Ashikaga-Shogun Yoshimitsu (1358–1408) errichtete Bau wurde 1950 von einem verwirrten Zen-Novizen in Brand gesteckt (was der Schriftsteller Mishima Yukio in seinem Roman »Der Tempelbrand« literarisch verarbeitete) und nach seinem Wiederaufbau frisch vergoldet. An einem Teich vor dem Hintergrund üppig grüner Gartennatur stehend, ist er ein Bild von einzigartiger Schönheit.

In der Welt des Zen

Fünf große Zen-Klöster gibt es in Kyoto; das bedeutendste ist der **Daitoku-ji O**. Er gehört zur Rinzai-Schule, die in besonderem Maß auf die künstlerische Entwicklung Japans eingewirkt hat. Mit seinen 24 Untertempeln nimmt er ein weites, von der Stadt durch eine hohe Mauer abgetrenntes Gelände ein. Das von der Straße Kitaoji-dori aus gesehen nächstliegende Tor ist das *Chokushi-mon* mit einem geschwungenen Reetdach; es gehörte ursprünglich zum alten Kaiserpalast. Das *Kara-mon* im barocken Muromachi-Stil wurde von Hideyoshis Fushimi-Schloss hierher versetzt. Ein klarer, strenger Stil verkörpert sich in dem mächtigen *San-mon*, dessen zweiter Stock von Sen-no-Rikyu (1521–1591) gestaltet wurde, dem größten Meister der Teezeremonie.

Eine überragende Rolle in der Anlage des Daitoku-ji kommt dem kleinen Untertempel **Daisen-in** zu. Er repräsentiert nicht nur in seinem vierteiligen Garten,

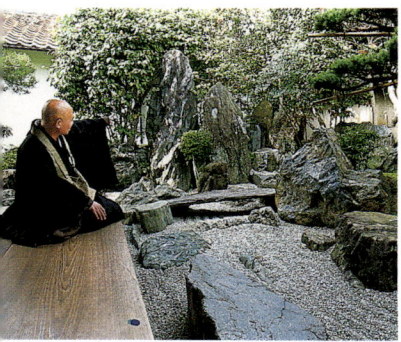

Steingarten des Daisen-in

sondern auch in seinem Gebäude Zen-Architektur in Reinkultur. Hier werden auf dem Grundprinzip von Einfachheit, Klarheit und praktischer Funktionalität alle Räume unter einem Dach vereint.

Die vier Steingärten rings um den Tempel sind sehr unterschiedlichen Charakters. Der erste mit dem Namen »Großer Ozean« ist ein reiner Sand-Kies-Garten. Der kleinste Garten, gleich hinter dem Eingang, ist ebenfalls ein Trockengarten ohne jede Pflanze. Die Steinsetzungen sind vielfältig deutbar, und jeder Fremdenführer hat seine eigene Erklärung parat. Der dritte Garten bildet eine wilde Felsenlandschaft mit wenigen Bäumen und Sträuchern. Der letzte Garten, »Mittlerer Ozean«, ist wiederum sehr streng und karg mit nur einem einzigen Baum und Strauch gestaltet. Durch ihre Beschränkung auf das Wesentliche sind alle vier Gärten ideale Orte der Meditation.

Buch-Tipp Janwillem van de Wetering, **Der leere Spiegel**, Rowohlt-TB. Noch immer der amüsanteste und einsichtsvollste Bericht über das Leben in einem Zen-Kloster.

Info

■ **Kyoto City Tourist Information**
Hauptbahnhof, 1. Stock
Tel. 3 43-66 55
www.pref.kyoto.jp/visitkyoto/en
Tgl. 8.30–19 Uhr
■ **Vorwahl Kyoto: (0 75)**

Verkehr

Da man in Kyoto viel mit dem Bus unterwegs ist, lohnt sich eine Tageskarte für 500 Yen, erhältlich in den Hotels und allen Convenience Stores. Die Benutzung der U-Bahn mit eingeschlossen ist im **Sightseeing Pass** (1 Tag 1200 Yen, 2 Tage 2000 Yen).

Hotels

■ **Hiiragiya**
Nakuhakusan-cho, Fuya-cho
Anekoji-agaru, Nakagyo-ku
Kyoto 604-8094
Tel. 2 21-11 36
www.hiiragiya.co.jp
Eine Nacht in einem der besten Ryokan Japans (ab 30 000 Yen pro Nacht/Person inkl. Halbpension) gehört zu den faszinierendsten Erlebnissen einer Japanreise. ●●●
■ **Granvia**
901 Higashi-shiokoji-cho, Shiokoji
Sagaru, Karasuma-dori, Shimogyo-ku
Kyoto 600-8216
Tel. 3 44-88 88
www.granviakyoto.com
Das luxuriöse Hotel ist Teil des neuen Bahnhofskomplexes und daher ideal gelegen. Geräumige Zimmer; große Auswahl guter und preisgünstiger Restaurants in nächster Nähe. ●●●

■ **Court Hotel Kyoto**

**698 Myodenji-cho, Shijo-minami-iru,
Nishinotoin-dori, Shimogyo-ku
Kyoto 600-8472
Tel. 3 61-05 05
kyoto.info@courthotels.co.jp**
Elegant eingerichtetes, mittelgroßes
Hotel unweit des Shoppingzentrums,
aber abseits des Trubels. Relativ kleine,
aber gemütliche Zimmer. ●●

■ **Karasuma Kyoto Hotel**

**Karasuma Shijo, Shimogyo-ku
Kyoto 600-8412
Tel. 3 71-01 11
www.kyotohotel.co.jp/karasuma**
Freundliches, modernes Hotel, gutes
Preis-Leistungs-Verhältnis. ●●

■ **Ryokan Yamazaki**

**13 Takahana-cho, Umegahata,
Ukyo-ku, Kyoto 616-8261
Tel. 8 64-13 08
www.ryokan-yamazaki.co.jp**
Preiswertes, freundliches Ryokan mit
japanischen Zimmern und schönem
Garten, abseits am Rand der grünen
Hügel im Westen der Stadt. ●

■ **El Inn**

**13 Higashi-sanno-cho, Higashi-kujo,
Minami-ku, Kyoto 601-8004
Tel. 6 72-11 00][Fax 6 72-99 88**
Funktionelles Budgethotel gleich süd-
lich des Bahnhofs mit Cafeteria und
sehr anständigen Zimmern. ●

Restaurants

In Kyoto gibt es eine Vielzahl guter
Speiselokale in allen Preislagen.

■ **Nishiki**

**Nakanoshima-koen, Arashiyama
Tel. 8 71-88 88
www.kyoto-nishiki.com**
Hier wird exzellentes Kaiseki (❯ S. 48)
in traditionellem Ambiente zelebriert.
Tgl. außer Di 11–21 Uhr. ●●●

Shopping

Kyotos beste Shopping-Arkade ist
der überdachte Teil der **Teramachi**
zwischen Oike- und Shijo-dori. Kurz
vor der Shijo zweigt nach links die
Nishiki-koji ab, eine schmale Gasse
mit einer überwältigenden Fülle von
Lebensmittelläden, wo sich viele bunte
Fotomotive bieten.

Echt
gut!

Nightlife

Gion Corner

**Yasaka-kaikan, Gion, am Südende der
Hanami-koji
www.kyoto-gion-corner.info**
Gezeigt wird eine Revue traditioneller
Künste wie Teezeremonie, Koto-Musik,
Gagaku (Hofmusik), Kyogen (No-Far-
ce), Geisha-Tanz und Bunraku (Pup-
pentheater) – ein knapper, aber originalgetreuer Einblick in die Vielfalt
japanischer Kultur.
März–Nov. tgl. 19 und 20 Uhr.

Uji

Wer es eilig hat, von Kyoto aus
Nara zu besuchen, fährt hier mit
der Bahn einfach durch, aber das
ist schade. Uji, am Ufer eines breiten, flachen Flusses gelegen, ist
nicht nur die Heimat des besten
grünen Tees, hier steht vor allem
einer der elegantesten Bauten
Japans: die Phönix-Halle des
***Byodo-in. Schön renoviert,
bietet sich dieses Kleinod chine-
sisch-japanischer Architektur in
seiner ursprünglichen Form dar.

Wie der Goldene und der Sil-
berne Pavillon in Kyoto (❯ S. 97/
94) handelt es sich eigentlich nicht
um einen Sakralbau, sondern um
den Palast des Fürsten Fujiwara

no Michinaga (966–1028), nach dessen Tod das Gebäude in ein Kloster der Tendai-Schule umgewandelt wurde. Damit ist der Byodo-in das einzige original erhaltene Beispiel für die Palastarchitektur der Heian-Zeit, die dem symmetrisch gegliederten Aufbau chinesischer Paläste folgte. Die einzelnen, durch Korridore miteinander verbundenen Gebäudeteile sind so angeordnet, dass sie – aus der Vogelperspektive – das schematisierte Abbild eines fliegenden Phönix darstellen, der mit ausgebreiteten Schwingen zur Landung auf dem Teich vor dem Tempel ansetzt. Dieser Teich ist wiederum das Abbild des »westlichen Paradieses« *(Jodo)* des Amida-Buddhismus.

Die Anlage besticht – vor allem über die Wasserfläche hinweg betrachtet – durch ihre vollkommene Harmonie und Leichtigkeit. Passend dazu ist die große, vergoldete Statue im Inneren der Phönix-Halle, ein auf einem Lotos-Podest sitzender Amida mit halb geschlossenen Augen – das Bild absoluter Ruhe und Ausgeglichenheit.

Zahme Hirsche im Nara-Park

Shopping

An der Straße vom Bahnhof zum Byodo-in lädt eine Reihe traditionsreicher Läden ein, den berühmten **Tee** von Uji zu verkosten. Die hochwertigste Sorte trägt den hübschen Namen *Gyokuro* (»Tautropfen«).

***Nara 3

Am Rand der bergigen Kii-Halbinsel liegt ein Stück weiter südlich Nara, von 710 bis 784 die erste ständige Hauptstadt Japans. Wie Kyoto wurde Nara nach chinesischem Vorbild erbaut, was noch heute am Schachbrettmuster seiner Straßen zu erkennen ist.

Nara hat zwei Bahnhöfe. Von dem der Kintetsu-Linie kann man zu Fuß gehen, von der JR-Station nimmt man besser den Bus (Linie 1) zur Haltestelle Daibutsuden-mae. Dort befindet man sich bereits im Nara-Park *(Nara-koen)*, einem weitläufigen, teils bewaldeten Areal, in dem zahme Hirsche leben. Sie sind der Gottheit des Kasuga-Schreins geweiht, aber Achtung: Füttert man sie nicht mit den an mehreren Ständen verkauften Keksen, zupfen sie einem gern andere Dinge aus der Jackentasche.

Wer sich speziell für buddhistische Sakralkunst interessiert, wird einen Blick ins **Nationalmuseum** *(Kokuritsu Hakubutsukan)* gegenüber werfen. Sonst geht man gleich weiter zum ***Todai-ji**, dem Höhepunkt jedes Nara-Besuchs. Man betritt den Tempelbezirk durch das gewaltige, zweistöckige **Südtor** *(Nandai-mon)* aus dem Jahr 1199, in dem riesenhafte Wächterfiguren aufragen.

Im Hintergrund sieht man hinter einer langen Mauer bereits die vergoldeten Delphingiebel auf dem Dach der Halle *(Daibutsuden)*, die den **Großen Buddha** von Nara beherbergt. 47,5 m hoch und 57 m breit, gilt sie als größter Holzbau der Welt. Der Daibutsu selbst überragt mit seinen 16,2 m Höhe sogar sein Gegenstück in Kamakura (❯ S. 72). Wie dieses ist er in Einzelteilen aus Bronze gegossen, eine für die Zeit damals ungeheure technische wie künstlerische Leistung. Flankiert wird er von zwei prächtig geschmückten Bodhisattva-Figuren.

Wenn Sie einigermaßen gut zu Fuß sind, sollten Sie sich Zeit für den etwas weiteren, aber dafür umso schöneren Weg zum **Kasuga-Schrein** *(Kasuga-taisha)* nehmen. Er führt vom Ausgang der Buddhahalle den Berg empor zur Nigatsu-do, einer Zeremonienhalle mit Blick über die Ebene. An kleineren Tempeln vorbei gelangt man von hier aus in ca. 30 Min. zum Schrein, dem Familienheiligtum des zur Nara-Zeit mächtigen Fujiwara-Clans. Geschmückt ist er mit ==Hunderten von Bronzelaternen==. Es reicht aus, die Atmosphäre vom Innenhof aus in sich aufzunehmen und dann durch den Wald durch ein

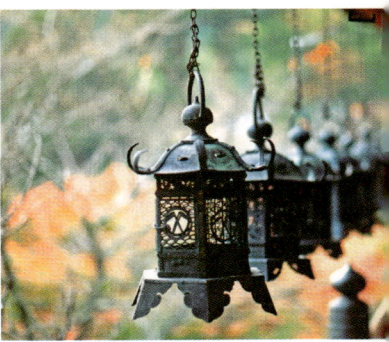

Bronzelaternen im Kasuga-Schrein

Spalier von Steinlaternen zur Stadt zurückzuspazieren.

Info

■ **Nara City Tourist Center**
23-4 Kami-sanjo-cho
Nara 630-8228
Tel. 22-55 95
www.narashikanko.jp/en
■ **Vorwahl Nara: (07 42)**

Hotels

■ **Nara Hotel**
1096 Takabatake-cho, Nara 630-8301
Tel. 26-33 00
www.narahotel.co.jp
Japanisches Grandhotel alten Stils: Imposanter Holzbau in traditioneller Architektur mit viel Atmosphäre, auch in der Bar und im ausgezeichneten Restaurant. ●●●

■ **Hotel Halftime**
2-11-1 Shibatsuji-cho
Nara 630-8114
Tel. (07 42) 33-56 56
www.nara-halftime.com
Trotz des merkwürdigen Namens ein nettes, überschaubares Hotel mit kleinen, aber gut ausgestatteten Zimmern. Ideale Budget-Unterkunft in Nara. ●

Restaurants

Auf dem beschriebenen Weg über die Nigatsu-do zum Kasuga-Schrein kommt man an einigen günstigen Speiselokalen vorbei, sonst muss man bis zur Einkaufsstraße warten, auf die man, vom Schrein her kommend, an der großen Pagode stößt.

8 ***Horyu-ji 4

Die Gründung dieses uralten Klosters durch Prinzregent Shotoku-taishi im Jahr 607 war von entscheidender Bedeutung für die Verbreitung des Buddhismus als Staatsreligion. Nur weil alle Gebäude reine Holzkonstruktionen sind, haben sie teils mehr als 1300 Jahre lang allen Erdbeben standgehalten. Von den heute 33 Gebäuden stammen neun aus der Asuka- und Nara-Zeit, das heißt aus dem 7. und 8. Jh. Die Anlage

besteht aus zwei deutlich voneinander getrennten Teilen, dem **Sai-in** im Westen und dem **To-in** im Osten.

Die fein gestufte, fünfstöckige Pagode von 607, das innere Tor *(Chu-mon)* von 610 und die Haupthalle *(Kondo)* sind die wohl ältesten Holzbauten der Welt, wobei man sich natürlich klar machen muss, dass die Mehrzahl der Teile im Lauf der Zeit immer wieder ausgetauscht wurde. Im Dunkel der Halle ist eine bronzene Shaka-Trinitas erkennbar.

Das schönste Gebäude im To-in ist die achteckige ****Yume-dono** (Traumhalle). Sie birgt eine vergoldete Kannon-Statue, die Kuse-Kannon, ein Meisterwerk des frühen 7. Jhs. Zu sehen ist sie allerdings nur vom 11. April bis zum 5. Mai und vom 22. Okt bis zum 3. Nov. Sie wurde über nahe-

---

Shinto: Ur- und Staatsreligion

Die ursprüngliche Religion des alten Japan, der Shinto, spielte nach der Einführung des Buddhismus nur noch als eine an lokale Heiligtümer gebundene, eher folkloristische Glaubensrichtung eine Rolle. In der Meiji-Restauration des 19. Jhs. wurde dem Shinto dann gezielt eine neue Funktion zugewiesen. Mit dem Tenno als Nachkommen der Sonnengöttin im Mittelpunkt sollte das Bekenntnis zum Shinto eine nationale und kulturelle Identität begründen.

Zu diesem Zweck stülpte man der ursprünglich theorie- und theologiefreien Religion eine Lehre über und erklärte ihre Praxis als verbindlich. Aus Shinto-Priestern wurden Staatsbeamte, und die Bevölkerung musste sich bei ihrem örtlichen Schrein registrieren lassen.

Mit dem sich seit dem Japanisch-Chinesischen Krieg 1894/95 ausbreitenden imperialistischen Denken wurde der Staats-Shinto zur herrschenden Ideologie, die auch die uralten Schreine von Ise in Beschlag nahm. Mit der japanischen Niederlage im 2. Weltkrieg fand er jedoch sein Ende, und so ist heute der Ise-jingu auch für die Japaner wieder eher ein geheimnisvolles Ausflugsziel als ein nationaler Wallfahrtsort.

zu eineinhalb Jahrtausende in perfektem Zustand einschließlich der originalen Vergoldung erhalten. Immer der Öffentlichkeit zugänglich ist die Figur des **Miroku-bosatsu** im früheren Nonnenkloster **Chugu-ji,** ein Werk von stiller, unendlich feiner Ausdruckskraft.

!! Im Tempelbezirk gibt es nichts zu essen, weshalb man sich gegebenenfalls schon in einem der Lokale auf dem Weg vom Bahnhof her verköstigen sollte.

Ise 5

Abseits der Kansai-Ebene schiebt sich südlich von Nagoya die Shima-Halbinsel *(Shima-hanto)* in den Pazifik. Um die Küsten- und Inselwelt des **Ise-Shima-Nationalparks** mit ihren weiten, lichten Wäldern und abwechslungsreichen Ufern zu erkunden, sollte man einen Wagen mieten. Die meisten Besucher beschränken sich jedoch auf die Stadt Ise mit dem wichtigsten Shinto-Heiligtum des Landes.

**Ise-jingu

Der Ise-Schrein besteht aus zwei 5 km auseinander liegenden Kultstätten, dem **Geku** (äußerer Schrein) und dem **Naiku** (innerer Schrein). Letzterer ist der Sonnengöttin Amaterasu-omikami, der mythischen Ahnherrin des Kaiserhauses, geweiht. Normalerweise beschränkt man sich auf den Spaziergang zum Naiku, der inmitten eines Hains aus hohen Kryptomerien steht.

Shinto-Priester beim Ise-Schrein

Auf engstem Raum, von Sicht und Zutritt verwehrenden Zäunen umgeben, ragen die fast schmucklosen Holzgebäude mit ihren dicken Schilfdächern kaum über ihre Umgrenzung hinaus. Sie repräsentieren, völlig unbeeinflusst von den sonst prägenden chinesischen Einflüssen, die älteste, urjapanische Bauweise, die sich aus der Architektur polynesischer Pfahlbauten ableitet.

Die zentralen Schreingebäude werden alle 20 Jahre neu errichtet (das nächste Mal 2013), daher die große, mit Steinen gepflasterte Fläche neben dem aktuellen Heiligtum. Erwarten Sie in Ise nichts Spektakuläres; es geht mehr um das Erleben der weihevollen

Atmosphäre inmitten der Natur als um die Besichtigung eines glanzvollen Baudenkmals.

Das Sträßchen mit den vielen Läden und Lokalen, das auf die Brücke zum Naiku-Bezirk zuführt, eignet sich hervorragend zum Bummeln. Wer Ruhe sucht, nimmt eine der kleinen Gassen, die linkerhand zu einer schönen Promenade am Fluss führen.

Hotel

Asakichi
109 Nakano-cho, Ise 516-0034
Tel. (05 96) 22-41 01
www.japaneseguesthouses.com
Historisches Ryokan, sehr charmant und mit freundlichen Wirtsleuten. ●●

Shopping

Auf einem Inselchen am Hafen von Toba, 15 Zugminuten von Ise entfernt, hat **Mikimoto** ein faszinierendes Zuchtperlenmuseum mit einem Shop eingerichtet, der keine Wünsche offen lässt. Taucherinnen (Ama) demonstrieren die traditionelle Form der Perlenernte. Tgl. 8.30–17 Uhr.
www.mikimoto-pearl-museum.co.jp

Hier gibt's gebratene Reisklößchen

Osaka ⑥

Die drittgrößte Stadt Japans (2,6 Mio. Einw.) war einst wichtigster Handelsplatz des Landes. Hier entstanden die ersten bedeutenden Kaufmannshäuser, und hier entfaltete sich auch die erste große Blüte einer selbstbewussten bürgerlichen Kultur, die etwa im Kabuki und im Bunraku ihren Ausdruck fand. Der Aufstieg zur Handelsmetropole erfolgte unter Toyotomi Hideyoshi, der in Osaka die größte Burg des Landes errichtete. Historische Sehenswürdigkeiten gibt es heute kaum mehr, dafür fasziniert Osaka mit seinen vielen eleganten Boutiquen, Kaufhäusern und unterirdischen Arkaden als lebenslustige, mondäne Weltstadt.

Die *Burg

Osakas Burg (Osaka-jo) ist zwar ein moderner, aber immerhin originalgetreuer Nachbau der ursprünglichen Festung Hideyoshis, und somit auf jeden Fall einen Besuch wert. Vom obersten Stockwerk aus genießt man einen weiten Blick über die Stadt. Außerdem hat man in ihrem Inneren eine interessante Ausstellung zur Stadtgeschichte eingerichtet, die u.a. über Leben und Kultur der Samurai informiert (tgl. 9–17 Uhr).

Urbane Subzentren

Das Wahrzeichen des modernen Osaka ist das ***Umeda Sky Building** im Subzentrum **Umeda**, ein extravaganter Bau, der sich als

Einkaufsbummel in Amerika-mura

überdimensionales Tor präsentiert. Entworfen hat ihn der renommierte Architekt Hara Hiroshi (geb. 1936), von dem auch das Bahnhofsgebäude in Kyoto stammt. Eine weitere Attraktion ist die Shopping-Mall HEP Five, auf der sich ein bunt erleuchtetes Riesenrad dreht. Außerdem ist Umeda das wichtigste Geschäfts- und Hotelviertel der Stadt.

Am quirligsten spielt sich das urbane Leben im Shopping- und Ausgehdistrikt **Namba** ab. Entlang des Dotonbori-Kanals schillert nachts ein fantastisches Neonmeer. Wunderbar bummeln kann man auch in **Shinsaibashi** und in **Amerika-mura**, wo vor allem junge Leute die neuesten Modetrends zur Schau tragen.

Tagsüber empfiehlt sich ein Abstecher zum neu gestalteten Hafenviertel **Tempozan**. Bei einer Fahrt mit dem 112 m hohen Riesenrad hat man einen großartigen Blick aufs Meer und die urbane Landschaft. Hauptattraktion ist jedoch das ***Aquarium Kaiyukan,** eines der größten, schönsten und instruktivsten Seeaquarien der Welt (tgl. 10–20 Uhr, www.kaiyukan.com).

Info

■ **Osaka Convention & Tourism Bureau**
Infocenter u.a. in den Bahnhöfen Osaka und Shin-Osaka (Shinkansen)
Tel. 63 05-33 11
www.osaka-info.jp/en
■ Vorwahl Osaka: (06)

Hotels

■ **Swissotel Nankai Osaka**
5-1-60 Namba, Chuo-ku
Osaka 542-0076
Tel. 66 46-11 11
www.swissotel.com/osaka

Luxushotel im Vergnügungsviertel Namba mit geräumigen Zimmern und Spitzenservice. ●●●

■ **Comfort Hotel Shinsaibashi**

1-15-15 Higashi-Shinsaibashi, Chuo-ku, Osaka 542-0083

Tel. 62 58-31 11

www.comfortinn.com

Gut geführtes Hotel der Comfort-Kette, ganz in der Nähe des quirligen Viertels Dotonbori. ●

■ **Kaneyoshi Ryokan**

3-12 Soemon-cho, Chuo-ku Osaka 542-0084

Tel. 62 11-63 37

www.kaneyosi.jp/english

Modernes, preisgünstiges Ryokan, sehr freundliche Wirtsleute, günstig im Namba-Viertel gelegen. ●

Restaurants

In den Zentren **Namba** und **Umeda** finden sich Speiselokale und Bars aller Art. Riesengroß ist die Auswahl auch in **Dotombori**.
Eine ausgesprochen originelle gastronomische Idee ist Takimi-koji im 1. UG des Umeda Sky Buildings: ein Ensemble verschiedener Restaurants im Stil der 1930er Jahre.

Nightlife

■ **Bunraku-Nationaltheater**

Dotonbori, ⓤ Nipponbashi, Exit 7

Tel. 62 12-25 31

www.ntj.jac.go.jp/english

Falls gerade Aufführungen auf dem Programm stehen: die großen, von mehreren Personen geführten Puppen sind absolut faszinierend.

■ **Shin Kabuki-za**

Midosuji-dori, ⓤ Namba, Exit 2

Tel. 66 31-22 22

Regelmäßige Kabuki-Aufführungen.

■ Im ehemaligen Vergnügungsviertel **Dotombori** gibt es Kinos, Nachtbars, Revuetheater und Popmusikhallen.

Ausflüge ab Osaka

Kobe ⑦

Die westlich von Osaka gelegene Hafenstadt Kobe, der man die Auswirkungen des Erdbebens von 1995 nicht mehr ansieht, hat schon seit dem 19. Jh. einen dezidiert kosmopolitischen Charakter. Historisch repräsentiert wird dies durch das alte Ausländerviertel Nakano-cho sowie Nankin-machi, das örtliche Chinatown.

Ein Ausflug lohnt sich jedoch v.a wegen der schicken Vergnügungsviertel am Hafen. Vom Bahnhof Motomachi aus (von Osaka per Bahn in 30 Min. zu erreichen) spaziert man durch Nankin-machi zum Meriken-Park mit der fantastischen, filigranen Architektur des **Marinemuseums** (Kobe Kaiyo Hakubutsukan, Di–So 10 bis 16.30 Uhr) in Form eines aufgespannten Segels. Gegenüber sieht man den Shoppingdistrikt Harborland mit dem extravaganten **Port Tower**, von dessen Plattform sich ein weiter Blick über Stadt und Meer bietet.

Eine vollautomatische Einschienenbahn fährt vom JR-Bahnhof Sannomiya (eine Station vor Motomachi) auf die riesige künstliche Insel **Port Island**. Hier ist ein völlig neues Stadtviertel mit Apartmenthäusern, Hotels und Hafenanlagen entstanden.

Koya-san 8

Der Klosterberg Koya-san ist einer der bedeutendsten und ältesten Wallfahrtsorte des Landes und in den warmen Monaten eine ideale Möglichkeit, sich ein wenig von der schwülen Witterung im Flachland zu erholen. Die Anreise erfolgt mit dem Koya-Express der Nankai-Bahn ab Osaka (Bahnhof Namba) bis Gokurakubashi, dann weiter mit der Seilbahn. Die Fahrzeit beträgt je nach gewähltem Zug zwischen 90 Min. und 2 Std.

Auf einem Hochplateau in den Hügeln südlich von Osaka breitet sich in 860 m Höhe eine ganze Tempelstadt aus. Kobo Daishi, der Gründer der Shingon-Schule, errichtete hier fernab vom Getriebe Kyotos im Jahr 816 ein Kloster, dem im Lauf der Zeit Hunderte weiterer Gründungen folgten. Heute sind noch rund 120 Tempel erhalten und bewohnt.

Im **Kongobu-ji**, der als Ausbildungskloster für die Priesterschaft fungiert, sieht man herrlich bemalte Schiebetüren und einen großen Steingarten. Interessant sind auch die Gründerhalle Mieido und die Halle Fudo-do, gewidmet der grimmigen Feuergottheit Fudo, die eine zentrale Bedeutung für den Buddhismus der Shingon-Schule hat.

Am eindrucksvollsten spürbar ist die spirituelle Atmosphäre des Ortes im **Oku-no-in**, einem riesigen Gräberfeld, über dem uralte

Tempel auf dem Koya-san

Kryptomerien aufragen. An seinem Ende befindet sich das Mausoleum Kobo Daishis, der hier der Legende nach in ewiger Meditation sitzt.

Mit das größte Erlebnis eines Besuchs auf dem Koya-san ist die Übernachtung in einer der **Tempelherbergen** (Shukubo). Abends gibt es gute vegetarische Kost (Shojin-ryori), morgens (meist um 5.30 oder 6 Uhr) sollte man sich auf keinen Fall die Andacht entgehen lassen, da die Shingon-Priester eine klangvolle Rezitationstechnik beherrschen.

Auf der Website des Fremdenverkehrsamts (www.shukubo.jp) sind alle Tempel gelistet, auf jeden Fall empfehlenswert sind die beiden über das Welcome Inn Center (www.itcj.jp) buchbaren Adressen.

Traditionsreiche Gastlichkeit

Nicht immer wie in alter Zeit

In den letzten Jahrzehnten hat sich auch der Typus des Ryokan, des traditionellen japanischen Gästehauses, an die moderne Zeit angepasst und erinnert äußerlich vielfach an ein normales Hotel. Daneben gibt es aber auch noch ganz der Tradition verbundene Ryokan, die in ihrer architektonischen Gestaltung und in den strengen Formen ihrer Gastlichkeit eine von westlichen Einflüssen gänzlich unberührte Wohnkultur verkörpern.

Sobald man am Eingang die Straßenschuhe abgegeben und gegen Pantoffeln eingetauscht hat, beginnt die Entspannung. Man wird zu seinem mit Tatami-Matten ausgelegten Zimmer geleitet, das man nur auf Strümpfen oder barfuß betreten darf. Dort steht ein niedriger Tisch mit Sitzkissen und Erfrischungen: Tee, Eiswasser, Kleingebäck. Die Futon-Matratzen sind noch hinter Schiebetüren im Wandschrank verborgen und werden erst später ausgelegt. Für jeden Gast liegt ein leichter Baumwollkimono (Yukata) bereit, den man auch außerhalb des Zimmers trägt, zum Beispiel bei dem Gang ins obligatorische japanische Bad (**>** S. 132).

Während des Badens wird im Zimmer das Abendessen gerichtet. Augen und Gaumen genießen nun ein festliches Mahl, ein anspruchsvolles, mehrgängiges japanisches Menü, dessen Zutaten von der jeweiligen Jahreszeit bestimmt sind. Danach ergeht man sich im stilvollen japanischen Garten oder genießt dessen Anblick durch die geöffneten Papierschiebetüren.

Nicht alle solchen Ryokan sind darauf eingestellt, westliche Besucher zu empfangen, da man wegen deren mangelnder Vertrautheit mit den Regeln Komplikationen befürchtet. Ein Erlebnis ist aber auf jeden Fall auch die Übernachtung in einem moderneren Ryokan. Geblieben sind hier die mit Tatami-Matten ausgelegten Zimmer, in denen auf Futons geschlafen wird, das oft sehr stilvoll ausgestattete Gemeinschaftsbad und das opulente Abendessen mit regionalen Köstlichkeiten. In größeren Ryokan wird es meist nicht mehr im Zimmer, sondern im Speisesaal serviert.

Buch-Tipp Gabriele Fahr-Becker: **Ryokan – Zu Gast im traditionellen Japan**, Hamburg 2005. Kenntnisreicher, prachtvoll bebilderter Band.

Preiswert japanisch wohnen

Ryokan-Übernachtungen sind oft recht teuer – auch wenn man einrechnet, dass in den Preisen dort normalerweise auch das Essen enthalten ist. Es gibt aber auch eine preisgünstigere Alternative: **Minshuku**, private Familienpensionen, in denen man ebenfalls japanische Wohnkultur kennenlernen kann, aber auf einer eher dem japanischen Alltag entsprechenden Ebene als in den verfeinerten Ryokan. Bei der Reservierung hilft das Minshuku Network, Toka Bldg. F1, 3-11-8 Hirai, Edogawa-ku, Tokyo 132-0035, Tel. (03)5858-0103 www.minshuku.jp.

Eher bescheidene, dafür aber preiswerte Ryokan sowie günstige Hotels westlichen Stils und Minshuku, die gerne ausländische Gäste aufnehmen, haben sich zur **Japanese Inn Group** zusammengeschlossen (www.jpinn.com). Den Prospekt gibt es bei der Japanischen Fremdenverkehrszentrale (> S. 138). Dort ist auch das **Directory of Welcome Inns** erhältlich, eine ähnliche Sammlung preiswerter Unterkünfte vom Minshuku bis zur Tempelherberge. Im Internet findet sich das Angebot samt Reservierungsmöglichkeit unter www.itcj.jp.

■ **Ryokan Shimizu**
644 Kagiya-cho, Shichijo-dori,
Wakamiya agaru, Shimogyo-ku,
Kyoto 600-8317
Tel. (0 75)3 71-55 38
www.kyoto-shimizu.net
Wer in gemütlicher japanischer Atmosphäre übernachten möchte, ohne das in den traditionellen Ryokan obligatorische Abendessen einzunehmen, ist in diesem Ryokan unweit von Kyotos Hauptbahnhof bestens aufgehoben. Jedes Zimmer mit Privatbad, gutes Frühstück, Leihfahrräder, sehr freundliches Personal. ●

Westhonshu

Nicht verpassen!

- Über steile Treppen zum Schrein in der Burg von Himeji klettern
- Im Koraku-en in Okayama eine Tasse grünen Tee genießen
- Über die Häuser von Miyajima aufs Meer blicken
- Am Izumo-taisha viermal in die Hände klatschen

Karte
Seite 112

Zur Orientierung

Jenseits der Kansai-Region verläuft Honshu als langes, verhältnismäßig schmales Band weiter nach Westen. Chugoku (»Mittelland«), wie das Gebiet auf Japanisch genannt wird, beginnt kurz hinter Kobe und erstreckt sich über gut 500 km Länge bis Shimonoseki an der Meerenge zwischen Honshu und Kyushu.

Die Südküste der Region wird umspült von den Wellen der Inlandsee – ein enges, von zerklüfteten Küsten gerahmtes Binnenmeer zwischen Honshu und Shikoku, der kleinsten der vier japanischen Hauptinseln. Durch ihre geschützte Lage hatte die Inlandsee in alter Zeit eine wichtige Bedeutung für Schifffahrt und Fischerei. Das milde Klima hat eine abwechslungsreiche Kulturlandschaft hervorgebracht.

Größte und bedeutendste Stadt Westhonshus ist **Hiroshima.** Für immer mit dem furchtbaren Atomangriff am Ende des Zweiten Weltkriegs verbunden, hat es heute eine sehr lebensfrohe Atmosphäre. Zu einem Besuch gehören einige nachdenkliche Stunden zwischen den Gedenkstätten des Friedensparks, aber auch ein Ausflug auf die idyllisch im Meer liegende Schreininsel **Miyajima,** die einen absoluten Höhepunkt jeder Japanreise darstellt.

Das große Torii des Itsukushima-jinja auf der Schreininsel Miyajima

Etwas weiter östlich liegt **Okayama,** die Hauptstadt der gleichnamigen Provinz und Heimat des Koraku-en, eines weitläufigen Landschaftsparks mit einer Fülle von Details. Keramikliebhaber dürften sich für die Töpfereien im nahen Imbe interessieren, der Heimat des rauen, erdfarbenen Bizen-yaki. Am Kanal von Kurashiki, eine Viertelstunde von Okayama entfernt, hat sich eine ungewöhnlich einheitliche Altstadt erhalten, die zu einem entspannten Bummel einlädt.

Ein touristischer Höhepunkt ist auch **Himeji.** Die Stadt selbst wäre wenig bemerkenswert, würde über ihr nicht die bekannteste Burg Japans aufragen, eine imposante Anlage aus gewaltigen Wällen, weißen Mauern und schwarzen Ziegeldächern.

Im Norden, durch eine grüne, stille Hügellandschaft getrennt, liegt **Matsue** nahe des Japanischen Meers. Nicht weit entfernt von der sympathischen alten Stadt ist der **Izumo-taisha,** ein sagenumwobenes Shinto-Heiligtum.

Touren in der Region

Entlang der Inlandsee

⟶ ⑩ ⟶ **Himeji › Okayama ›**
Kurashiki › Hiroshima ›
Miyajima

Dauer: 3 Tage
Praktische Hinweise: Wer mit leichtem Gepäck reist, kann dieses am Bahnhof von Himeji im Schließfach unterbringen, die Burg besichtigen, und direkt weiterfahren. Alternativ kann man auch gleich bis nach Okayama fahren, Quartier beziehen und von dort aus einen Halbtagesausflug nach Himeji machen; mit dem Japan Rail Pass und dem Shinkansen ist das kein Problem.

Auf dieser Tour werden sämtliche Highlights der Region an der Indlandsee berührt. Zu Beginn steht die ***Burg von Himeji** ❯ S. 114, für die etwa drei Stunden Besichtigungszeit ausreichen. Mit dem Zug geht es weiter nach **Okayama** ❯ S. 114, wo Sie übernachten, um genügend Zeit für einen wirklich ausgedehnten Spaziergang durch den ***Koraku-en** ❯ S. 115 zu haben. Wenn Ihr Gepäck schließfachgeeignet ist, lohnt sich ein Zwischenstopp in **Kurashiki** ❯ S. 116, um dort die Altstadt zu besichtigen. Am zweiten Abend

kommen Sie auf jeden Fall in **Hiroshima** › S. 117 an und haben am nächsten Tag jeweils einen halben Tag für den Friedenspark und die Schreininsel *****Miyajima** › S. 121 zur Verfügung.

Hügel und Schreine

11 **Okayama › Matsue › Izumo-taisha › Okayama**

Dauer: 3 Tage
Praktische Hinweise: Wenn Sie im Anschluss an diese Tour nach Kyushu weiterreisen

wollen, können Sie anstatt zurück nach Okayama zu fahren auch die Stecke entlang der Nordküste nehmen, um in Shin-Yamaguchi wieder auf den Shinkansen zu stoßen – eine lange Zugfahrt, die aber unterwegs schöne Aussichten bietet.

Einen eindeutig beschaulichen Charakter hat diese kleine Reise. Das beginnt schon mit ein paar ruhigen Stunden im *****Korakuen** von **Okayama** › S. 115. Dann besteigen Sie den Zug, der Sie auf landschaftlich wunderschöner Strecke durch die grüne Hügellandschaft der Provinz ans Japanische Meer bringt.

Übernachtet wird in **Matsue** › S. 116. Hier bummeln Sie gemütlich durch die Altstadt, um anderntags einen Ausflug zum ****Izumo-taisha** › S. 117 zu machen, einem der eindrucksvollsten Schreine des Landes. Wer ein Stück weit an der idyllischen Felsküste entlang wandern will, fährt von dort aus mit dem Linienbus zum Leuchtturm bei Hinomisaki an der Spitze der Shimane-Halbinsel.

Die Rückfahrt erfolgt auf derselben Strecke.

10 **Entlang der Inlandsee**
Himeji › Okayama › Kurashiki › Hiroshima › Miyajima

11 **Hügel und Schreine**
Okayama › Matsue › Izumo-taisha › Okayama

Unterwegs in Westhonshu

Himeji

Schon vom Shinkansen aus sieht man sie hinter den Betonbauten der ansonsten gesichtslosen Industrie- und Verwaltungsstadt (500 000 Einw.) aufragen, die *****Burg von Himeji** *(Himeji-jo)*. Gern gibt man ihr auch den romantischen Namen »Silberreiher-Burg« *(Shirasagi-jo)*. Es ist die größte original erhaltene Festung Japans und UNESCO-Weltkulturerbe. Auf gewaltigen Grundmauern aus teils fein behauenen Natursteinen erhebt sich der wuchtige Bergfried mit mehreren Nebentürmen. Obwohl es sich um ein militärisches Bauwerk handelt, vermitteln die weißen Mauern unter den schwarzen, geschwungenen Ziegeldächern ein Gefühl der Leichtigkeit.

Gleich nach dem Tor, an dem die Eintrittskarten verkauft werden, geht es nach links in einen langen Wehrgang mit verschieden geformten Schießscharten für Bogen und Musketen. Im Innern des Hauptbaus fasziniert die wuchtige Holzkonstruktion. Wer es bis ganz nach oben schafft, findet dort einen kleinen Schrein vor – und einen weiten Blick über die Stadt und die sie umgebenden Hügel.

Westlich des Burggeländes hat man einen Park im Stil der Edo-Zeit angelegt, den **Koko-en**. Wenn Zeit bleibt, ist er einen Besuch wert; zu diesem Zweck gibt es eine Kombinationskarte für Burg und Park.

Restaurants

Parallel zu dem vom Bahnhof zur Burg führenden Boulevard verläuft rechterhand eine überdachte Einkaufsstraße, wo man sich auf vielfältige Weise verköstigen kann.

Okayama ❷

Die Provinzhauptstadt (700 000 Einw.) mit zahlreichen Behörden und Institutionen wäre nicht weiter interessant, läge hier nicht eine Perle japanischer Gartenkunst verborgen: der Koraku-en, einer von drei Landschaftsgärten, die einen besonderen Rang einnehmen. Historisch gesehen, ist Okayama eine alte Handelsstadt, die als Sitz des Daimyo-Clans Ikeda, einer Seitenlinie der Tokugawa, in der Edo-Zeit dank der Förderung durch das Shogunat zur Blüte gelangte.

Vom Bahnhof aus ist der auf einer Insel im Fluss gelegene Park in einer knappen halben Stunde zu Fuß zu erreichen, es fahren aber auch Busse. Vor der Brücke zum Eingang ragt rechts der aus den 1960er-Jahren stammende Nachbau der **Burg**, auf, die wegen ihrer schwarzen Farbe »Krähenburg« *(U-jo)* genannt wird. Sie beherbergt ein kleines Museum für Stadtgeschichte.

10 Der *****Koraku-en,** Ende des 17. Jhs. im Auftrag des örtlichen Daimyo entstanden, ist ganz im Geist des großen Teemeisters und Gartenarchitekten Kobori Enshu gestaltet. Wie viele japanische Gärten verwendet er das Prinzip der »geborgten Landschaft«; das heißt, außerhalb befindliche Elemente wie die Hügel im Hintergrund und die Burg am anderen Flussufer sind in die Gestaltung miteinbezogen. Eine Fülle von Details wie Steinlaternen, Teiche, eine Zickzackbrücke und ein Teepavillon schaffen eine eigene kleine Welt.

Von der europäischen Parkgestaltung inspiriert, wurden hier erstmalig in Japan Rasenflächen integriert, was der gesamten Anlage eine lichte Transparenz verleiht, ein Effekt, der durch die großen Teiche noch verstärkt wird. Künstliche Hügel, kleine Seen, Rasen, Flussläufe, Wege, Bäume und Haine sind in wunderbarer Harmonie aufeinander bezogen. Als typisches Attribut der Edo-Zeit wurden zudem ein kleines Reisfeld und eine Teeplantage geschaffen. So sollte der Bezug zum jahreszeitlichen Rhythmus der Landwirtschaft hergestellt werden.

Im **Teehaus** an der Teeplantage wird die vor Ort gezüchtete Sorte mit einer Süßigkeit serviert.

U-jo, die »Krähenburg« von Okayama

Hotels

■ **New Okayama**
1-1-25 Ekimae-cho
Okayama 700-0023
Tel. 2 23-82 11
Kleines, aber feines Haus mit 82 Zimmern, direkt am Hauptbahnhof gelegen. ●●●

■ **Hotel Sunroute Okayama,**
1-3-12 Shimo-ishii
Okayama 700-0907
Tel. 2 32-23 45
E-Mail: hsroky@ruby.ocn.ne.jp
Einfaches, aber angenehmes Hotel beim Hauptbahnhof mit gutem Preis-Leistungs-Verhältnis. ●●

■ **Matsunoki Ryokan**
19-1 Ekimoto-cho
Okayama 700-0024
Tel. 2 53-41 11.
Preiswertes, modernes Ryokan für Budget-Reisende gleich beim Bahnhof. Buchbar über das Welcome-Inn-Reservierungssystem (❯ S. 22). ●

Info

■ **Okayama City TIC**
am Hauptbahnhof
Tel. 2 22-29 12
■ **Vorwahl Okayama: (0 86)**

Shopping

Zu den international bekanntesten Keramikstilen Japans gehört **Bizen-yaki**, eine rustikale, unglasierte Ware,

Nebenschrein im Izumo-taisha,
dem ältesten Schrein Japans

die durch ihren rauen, erdigen Charakter fasziniert. Im Museum und in den Töpfereien von Imbe, 40 Zugminuten östlich von Okayama, kann sie bewundert und erworben werden.

Ausflug nach Kurashiki

Nur eine Viertelstunde ist es mit den Zug von Okayama ins weiter westlich gelegene Kurashiki. Besorgen Sie sich im Informationsbüro am Ostausgang des Bahnhofs von Kurashiki einen Stadtplan, um dann den breiten Boulevard entlang zum 1 km ent-fernten historischen Viertel Bikan zu marschieren. Am Rand eines von Weiden flankierten Kanals stehen alte Kaufmannshäuser und Läden, zu denen sich die typisch schwarz gekachelten Lagerhäuser *(kura)* gesellen, die dem Ort seinen Namen gegeben haben. Auf jeden Fall einen Blick werfen sollte man in das private **Spielzeugmuseum** samt Laden,

das eine überwältigende Vielfalt traditionellen japanischen Spielzeugs präsentiert.

Matsue ３

Die Fahrt von Okayama durch eine malerische Berglandschaft gibt Gelegenheit, das ländliche Japan kennenzulernen. Matsue (195 000 Einw.) ist Mittelpunkt der früheren Provinz Izumo. Es hat sich im Zentrum zum Teil seinen edozeitlichen Charakter bewahren können. Das Stadtbild ist geprägt von der alten, original erhaltenen *Burg *(Matsue-jo)* von 1611 und einer Reihe traditioneller **Samurai-Häuser,** die man bei einem Spaziergang entlang dem Burggraben findet. Eines davon, *Buke-yashiki,* ist zur Besichtigung freigegeben und vermittelt einen guten Einblick in das Alltagsleben eines höheren Samurai. Vom obersten Stockwerk der Burg lässt sich die herrliche Lage der Stadt zwischen Bergen, Meer und Shinji-Lagune bewundern.

Buch-Tipp Der amerikanische Schriftsteller Lafcadio Hearn, der in der frühen Meiji-Zeit in Matsue lebte, beschreibt in seinem Essay **In einem japanischen Garten** einfühlsam die Atmosphäre der Stadt (München, Manesse).

Hotel

Matsue Tokyu Inn
590 Asahi-machi, Matsue 690-0003
Tel. (08 52) 27-01 09
www.tokyuhotelsjapan.com/en
Keine Schönheit, aber komfortable Zimmer und direkt am Bahnhof. ●●

Izumo 4

Gut 30 km westlich von Matsue liegt diese verschlafene Stadt mit einem der bedeutendsten und architektonisch eindrucksvollsten Schreine Japans, dem **Izumo-taisha**. Vom Bahnhof Izumo ist er entweder mit dem Bus oder mit einem Lokalbähnchen erreichbar. Mehrfach durch Feuer zerstört, wurde das Heiligtum immer wieder streng nach dem Original neu errichtet, das Hauptgebäude zuletzt 1874. Betreut wird der Schrein von der Priesterfamilie Senge, die eine uralte Tradition aufweist. Der hier verehrte Gott Okuninushi no Mikoto, den die Senge-Familie als Stammvater reklamiert, ist als Urgottheit des Shinto der mythische Begründer der Medizin, der Seidenraupenzucht und der Fischerei.

Die Schreingebäude repräsentieren den ältesten, von der chinesischen Architektur völlig unbeeinflussten japanischen Baustil, den nach diesem Schrein benannten »Taisha-zukuri«. Er ist charakterisiert durch massive Pfahlfundamente, die ausschließliche Benutzung von Holz, walzenartige Firstbalken und weit über den Dachfirst hinausragende Endsparren. Die dunklen Rindendächer werden alle 60 Jahre erneuert, ansonsten bleibt – im Gegensatz zu Ise (> S. 103) – alles unverändert. In den beiden Nebengebäuden versammeln sich der Legende nach im zehnten Monat jedes Jahres alle Shinto-Gottheiten des Landes.

Das geflochtene Strohseil am Eingang, ein Kennzeichen jedes Shinto-Heiligtums, ist hier besonders prächtig. Übrigens ist Okuninushi auch für das Eheglück zuständig, weshalb man hier nicht zweimal in die Hände klatscht wie sonst, sondern viermal: zweimal für sich und zweimal für den zukünftigen Partner. Natürlich kann man auch für das Glück des aktuellen Partners klatschen.

Nur gute 20 Min. zu Fuß braucht man von Schrein bis zum Sandstrand **Inasa-no-hama**, wo man auch baden kann. Hübscher ist jedoch die Küste am **Hino-misaki**, einem Kap, das an der zerklüfteten Küste ins Japanische Meer ragt. Rund um den 1903 erbauten, 44 m hohen Leuchtturm gibt es schöne Spazierwege am Ufer entlang (Anfahrt mit dem Linienbus ab Haltestelle Taisha ca. 30 Min.).

Hiroshima 5

Mit dem Abwurf der ersten Atombombe über Hiroshima am 6. August 1945, 8.15 Uhr Ortszeit, begann eine neue Epoche der Menschheitsgeschichte. Für die betroffene Stadt aber schien es nur noch Vergangenheit zu geben. Als sich Rauch, Staub und Hitze über der schwarzen, ausgebrannten Wüstenei verzogen hatten, bot sich ein Bild des Grauens. Für die Zukunft zeichneten erste Expertengutachten ein düsteres Bild: 60 bis 90 Jahre würde das Gebiet unbewohnbar bleiben, mit neuer Vegetation sei frühestens nach

Als Mahnmal wider den Atomkrieg erhalten wird diese Ruine am Fluss

75 Jahren zu rechnen. Doch es kam anders. Die Menschen richteten sich behelfsmäßig in den Trümmern ein, die Geflüchteten kehrten nach und nach zurück. 1949 begann man mit der Schaffung einer Gedenkstätte, dem Friedensmuseum mit Friedenspark.

Heute ist Hiroshima wieder eine blühende, konsumfreudige und lebenslustige Universitäts-, Industrie- und Handelsstadt mit über 1,15 Mio. Einwohnern. Dass man sich des grauenvollen Ereignisses weiterhin sehr bewusst ist, zeigt sich an der liebevollen Pflege der Gedenkstätten und an alljährlichen internationalen Veranstaltungen zum Thema Frieden.

Friedenspark Ⓐ

Im Mittelpunkt jedes Hiroshima-Besuchs steht der Friedenspark (Heiwa-koen) mit den großteils von Tange Kenzo geschaffenen Gedächtnisstätten. Die Anlage verleiht in ihrer Strenge und Schlichtheit dem Gedenken dessen, was hier geschehen ist, einen angemessenen Ausdruck. Ein sattelförmiger Betonbogen spannt sich über das **Kenotaph** für die nicht mehr auffindbaren oder identifizierbaren Opfer. Es steht in der Mittelachse des **Friedensmuseums**, das Tange in klassischer, dem Bauhausstil verpflichteter Strenge entworfen hat. Die sehr berührende Ausstellung berichtet über das Leid der Opfer und die beispiellosen Zerstörungen (www.pcf.city.hiroshima.jp; tgl. 8.30–18 Uhr, Dez.–Febr. bis 17 Uhr, Aug. bis 19 Uhr).

Vom Museum gesehen aus rechts befindet sich die neueste Gedenkstätte, die fast vollständig im Boden versenkte **Erinnerungshalle** (Hiroshima National Peace Memorial Hall), die ganz den Opfern gewidmet ist. Sie ermöglicht einen stilleren Zugang zum Geschehen als das Museum.

Am Kenotaph vorbei führt der Weg zur großen **Friedensglocke** und dem **Kinderdenkmal**, neben dem immer viele lange, bunte Ketten aus von Schulklassen aus Papier gefalteten Kranichen hängen. Die selbst gebastelten Vögel erinnern an den vergeblichen Wunsch eines verstrahlten Mädchens nach Heilung.

Über die Brücke rechter Hand geht es schließlich zur am Flussufer stehenden **Atombomben-Kuppel** Ⓑ (*Genbaku-domu*). Der Name bezieht sich auf das stählerne Skelett der Kuppel, die das Gebäude eines früheren industri-

ellen Ausstellungsgebäudes krönt. Aus Beton erbaut, ist es als Ruine stehen geblieben und wird als eindrucksvolles Mahnmal erhalten. In 160 m Entfernung befindet sich der Bodennullpunkt, über dem die Bombe detonierte.

Buch-Tipp Keiji Nakazawa, **Barfuß durch Hiroshima,** Carlsen. Der berührende Überlebenskampf eines Kindes nach dem atomaren Holocaust, gezeichnet als Manga.

Innenstadt

Unweit des Hauptbahnhofs liegt der 1620 unter dem Fürsten Asano Nagaakira angelegten *Shukkei-en Ⓒ, ein erst in jüngerer Zeit

Ⓐ Friedenspark   Ⓑ Atombomben-Kuppel   Ⓒ Shukkei-en   Ⓓ Hon-dori

wieder erstandenes Juwel aus der Blütezeit des Feudalismus. Der Park ist nach dem Vorbild eines klassischen chinesischen Landschaftsgartens der Sung-Dynastie (420–479) geschaffen und bildet einen Landstrich in Hangzhou (China) nach.

Das Areal ist geprägt von weiten Wasserflächen, aus denen zahlreiche malerische Inseln herausragen. Durch die geschickte Einbeziehung der Umgebung wirkt der Garten erheblich größer, als er in Wirklichkeit ist.

Das quirlige Shopping- und Ausgehviertel der Stadt breitet sich entlang der breiten, überdachten **Hon-dori** ❶ aus, einer typisch japanischen Einkaufsmeile mit Boutiquen, Cafés und Restaurants. Vom späten Nachmittag bis in die Nacht hinein herrscht hier ein buntes Leben.

Info

■ **Hiroshima TIC**
Zweigstellen im **Friedenspark** und am **Nord- und Südausgang des Hauptbahnhofs**
Tel. 2 47-67 38
www.hcvb.city.hiroshima.jp
■ **Vorwahl Hiroshima: (0 82)**

Verkehr

In Hiroshima bewegt man sich am besten mit der **Straßenbahn,** die am Südausgang des Hauptbahnhofs startet.

---

6. August 1945

Als der Präsident des Verbandes der Überlebenden des Überfalls auf Pearl Harbor 1991 den Bürgermeister von Hiroshima aufforderte, sich für eine Entschuldigung Japans einzusetzen, entgegnete dieser erregt: Dann müssten die USA dies aber auch für die Atombomben auf Hiroshima und Nagasaki tun. Der Amerikaner erwiderte: Ohne Pearl Harbor kein Hiroshima.

Dieser simple, aber trotz aller vereinfachenden Verkürzung richtige Kausalzusammenhang ist den meisten Japanern bis heute fremd geblieben. Selbst Oe Kenzaburo, der große japanische Erzähler und Literaturnobelpreisträger, dem jegliche Lebenslügen und Tabus fern liegen, bekannte, dass ihm lange dieser Zusammenhang nicht bewusst gewesen sei und er den Überfall auf Pearl Harbor nie als nationales Verbrechen betrachtet habe. Für diese historische Blindheit gibt es neben Ursachen, die in der Mentalität der Japaner selbst liegen, einen eingängigen Grund: das Erschrecken der Welt über die unvorstellbaren Verheerungen eines Atomkriegs.

Der Atomblitz des 6. August hat aus den Teilhabern und Nutznießern einer mächtigen Kriegsmaschinerie plötzlich Opfer gemacht, Opfer einer schrecklichen Massenvernichtungswaffe, wie sie nie zuvor angewendet worden war. **Buch-Tipp** Die erschütternden Gespräche, die der amerikanische Journalist John Hersey 1946 mit Atombombenpfern führte, sind in seinem Buch **Hiroshima. 6. August 1945 – 8 Uhr 15** dokumentiert (Hamburg, Europäische Verlagsanstalt).

Hotels

■ **Granvia Hiroshima**

1-5 Matsubara-cho, Minami-ku

Hiroshima 732-0822

Tel. 2 62-11 11

www.hgh.co.jp

Topadresse direkt am Bahnhof. Großzügige Zimmer, mehrere vorzügliche Restaurants im Haus. ●●●

■ **Sunroute Hiroshima**

3-3-1 Otemachi, Naka-ku

Hiroshima 730-0051

Tel. 2 49-36 00

www.sunroute.jp

Friedenspark und Ausgehviertel sind von hier aus bequem zu Fuß zu erreichen. Herrlicher Blick vom Restaurant im obersten Stock, wo auch das Frühstück serviert wird. ●●

Restaurants

Sehr lecker ist die örtliche Spezialität *Okonomi-yaki*, eine Art Pfannkuchen aus Ei und Mehl mit Gemüse, Fleisch oder Meeresfrüchten. Ausgesprochen volkstümlich kann man sie an den Theken von **Okonomiyaki-mura** (im Stadtplan als »Okonomi Village« ausgeschildert) genießen, gemütlicher in den Lokalen der kleinen Kette Mitchan, z.B. um die Ecke vom Kokusai Hotel nördlich der Hon-dori.

***Miyajima** 6

Eine halbe Stunde mit der JR-Sanyo-Linie oder der Straßenbahn vom Zentrum Hiroshimas entfernt befindet sich die Anlegestelle für die Fähren zur schönsten heiligen Insel Japans. Für Besitzer des Japan Rail Pass ist die Benutzung der JR-Fähre, auf die der Weg vom JR-Bahnhof stößt, kostenlos. Das rund 30 km² große Eiland Itsukushima, normalerweise einfach als Miyajima (Schreininsel) bezeichnet, beherbergt bedeutende buddhistische und shintoistische Heiligtümer, ist aber durch seine Lage in der idyllischen Inlandsee vor allem landschaftlich von einzigartigem Reiz. Wie z.B. auch der Fuji-san durfte es früher von Frauen nicht betreten werden. Auf der Insel leben, wie in Nara, der Gottheit geweihte zahme Hirsche, die gleich am Hafen auf Leckereien warten.

***Itsukushima-Schrein

In Ufernähe erhebt sich das weltbekannte rote **Holz-Torii** aus dem Wasser, das den symbolisch-mythischen Zugang zum Hauptheiligtum bildet, dem Itsukushima-Schrein *(Itsukushima-jinja)*. Der Eindruck, den das mächtige Tor und die Korridore und Plattformen des Schreins selbst hinter-

Der Itsukushima-Schrein

lassen, hängt stark von den Gezeiten der hier wattähnlichen Inlandsee ab. Da die Bauten im flachen Wasser gründen, erschließt sich das ganze Flair der weitläufigen Anlage nur bei Flut; bei Ebbe stehen Torii und Schrein im Schlamm des Watts, was ihrer Anmut und schwebenden Leichtigkeit erheblichen Abbruch tut. Fragen Sie daher vor Anbruch dieses Halbtagesausflugs im Hotel, wann Flut *(mancho)* ist.

Der Schrein, der zu den außergewöhnlichsten Shinto-Heiligtümern gehört, wurde 811 gegründet; die heutigen Gebäude stammen überwiegend aus dem 16. Jh. und sind ganz im eleganten Stil ihrer Zeit errichtet. Musik- und Tanzkultur sowie das klassische No-Spiel blicken hier auf eine lange Tradition zurück. Mit etwas Glück können Sie Zeuge eines von uralter Hofmusik begleiteten Bugaku-Tanzes werden, der oft im Rahmen von Hochzeitszeremonien stattfindet.

Sehenswürdigkeiten im Ort

Nach dem Gang durch die Korridore des Schreins kann man durch die Gassen des kleinen Orts spazieren und ein paar der vor Ort gezüchteten Austern kosten. Einen schönen Blick hat man vom **Senjokaku** neben der rot lackierten Pagode (1407) auf der Anhöhe, einer gewaltigen, offenen Halle aus dem Jahr 1587. Ein buntes Panoptikum des japanischen Buddhismus bietet der **Daisho-in**, ein Tempel der Shingon-Schule, des-

sen Bauten sich malerisch an den Berghang schmiegen. Hier durchschreiten in einer Feuerzeremonie jedes Jahr am 15. April und 15. November Priester barfuß die glühende Asche einer rituellen Feuerstelle.

Bergpanorama

Ungemein lohnend ist ein Spaziergang am Berghang oder an der Küste entlang. Besorgen Sie sich am besten gleich nach der Ankunft im Verkehrsbüro im Hafengebäude eine Karte der Insel. Der Gipfel des Berges **Misen** (530 m) kann auf verschiedenen Wegen erstiegen werden (hin und zurück 3–4 Std.); müheloser ist die Fahrt mit der Seilbahn. Bei gutem Wetter hat man einen überwältigenden Blick über Miyajima und die Inlandsee. Am Gipfel haust eine Horde Affen.

Hotels

■ **Ryokan Iwaso**
Tel. (08 29) 44-22 33
www.iwaso.com
Am Rand eines Ahornwäldchens steht dieses luxuriöse Ryokan, das auch auf ausländische Gäste eingestellt ist und ein ebenso idyllisches wie stilvolles Refugium bietet. ●●●

■ **Guest House Kikugawa**
Tel. (08 29) 44-00 39
Preiswerte Unterkunft mit Zimmern im japanischen und westlichen Stil. Gutes Abendessen auf Vorbestellung; buchbar über das Welcome-Inn-Reservierungssystem (❯ S. 22). ●-●●

Die »blaue Hölle«, eine der vielen heißen Quellen bei Beppu

Kyushu

Nicht verpassen!

- Durch Fukuokas schicken Shopping-Komplex Canal City bummeln
- Die eklektische Küche von Nagasaki genießen, z.B. die herzhafte Nudelsuppe Champon
- Durch die Mondlandschaft am gewaltigen Krater des Aso-san wandern
- In Beppu ins dampfende Thermalwasser steigen

Zur Orientierung

Kyushu, die südlichste und zugleich westlichste Hauptinsel des japanischen Archipels, ist eine eigene Welt. Wichtigster Ort ist die Millionenstadt **Fukuoka** am nördlichen Ende in der einzigen stark industriell orientierten Region der Insel. Ansonsten dominiert die bergige Natur. Grandiose Gebirge mit aktiven Vulkanen, bizarre Küstenstreifen voller Buchten und kleiner Inseln und weite Hochflächen, durchbrochen von tiefen, mystisch-dunklen Schluchten und malerischen Tälern, prägen die Landschaft.

Von der alten Hafenstadt **Nagasaki** im zerküfteten Küstengebiet ganz im Westen ist es nicht mehr weit bis China und Korea, den beiden Ländern, deren Kultur die japanische entscheidend beein-

flusst hat. Erinnerungen daran finden sich nicht nur in Nagasaki selbst, sondern auch in den Keramikzentren der Region. Hier wurden nach der ersten Invasion Japans in Korea (1592–1598) koreanische Töpfer zwangsweise angesiedelt.

Östlich von Nagasaki erstreckt sich die vulkanische Shimabara-Halbinsel, jenseits der die sympathische Industrie- und Verwaltungsstadt **Kumamoto** liegt. Sie ist das Tor in die dramatische Welt

Nagasaki und der Westen Fukuoka ❯ **Dazaifu oder Karatsu/ Arita** ❯ Nagasaki ❯ **Shimabara-Halbinsel** ❯ **Kumamoto** ❯ Fukuoka

Vulkane und heiße Quellen Kumamoto ❯ **Aso-Kuju-National- park** ❯ Beppu

Kyushu

0   25 km

JAPANISCHES
MEER

Iki   Ashibe

Fuku
(Hak

Kas

Saikai-

Karatsu   ③

Hirado

Arita   ④

Saga

Sasebo   Takeo

Nationalpark   ⑫   ③⑤

Ariake

Omura-
Bucht   ③④

A

Omura   Se

Isahaya   Unzen-
Amakusa
⑫   Shimabara

Nagasaki   卍   Unzen

⑤   Tachibana-
Bucht   National-
park

des **Aso-Kuju-Nationalparks** mit dem gewaltigen Vulkankessel des Aso-san.

Abgelegen im gebirgigen Inselinneren zeugt **Takachiho** mit urtümlichen Shinto-Kultstätten von den Wurzeln der alten Naturreligion.

An der pazifischen Ostküste von Kyushu liegt schließlich der Thermalbadeort **Beppu**. So manches, was hier geboten wird, ist rein auf den innerjapanischen Tourismus zugeschnitten, aber es gibt genügend stilvolle Hotels und Ryokan, in denen sich auch der westliche Besucher im heißen Wasser entspannen kann.

Touren in der Region

Nagasaki und der Westen

> ⑫ **Fukuoka › Dazaifu oder Karatsu/Arita › Nagasaki › Shimabara-Halbinsel › Kumamoto › Fukuoka**

Dauer: 4 Tage
Praktische Hinweise: Wer eine größere Kyushu-Rundreise machen möchte, kann diese Fahrt ab Kumamoto gut mit Tour 13 verbinden.

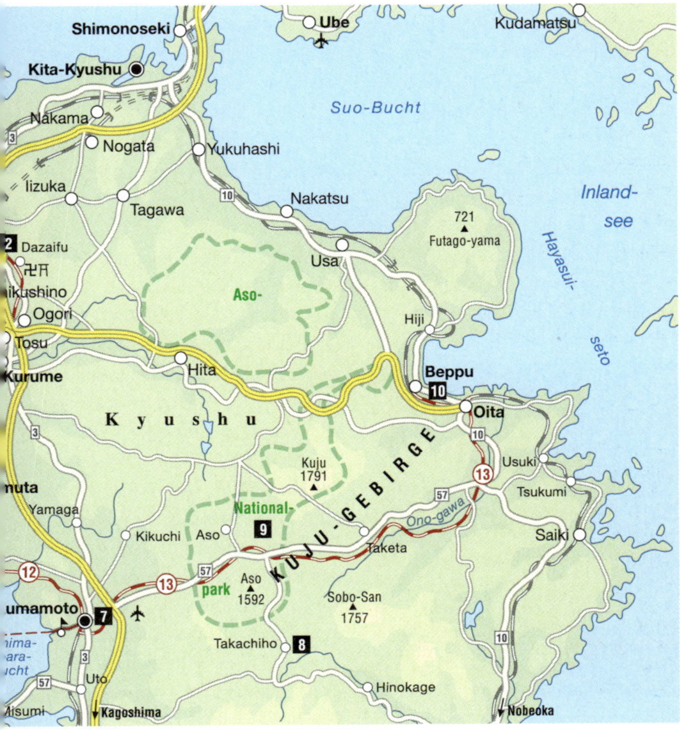

Shimonoseki
Ube
Kudamatsu
Kita-Kyushu
Suo-Bucht
Nakama
Nogata
Yukuhashi
Inland-
Iizuka
Tagawa
Nakatsu
see
Dazaifu
Usa
721
Futago-yama
ikushino
Aso-
Ogori
Hiji
Tosu
Hita
Beppu
Kurume
Oita
K y u s h u
Kuju
1791
Usuki
muta
National-
Tsukumi
Yamaga
Kikuchi
Aso
Taketa
Saiki
⑫
⑬
park
Aso
1592
Sobo-San
1757
umamoto
Takachiho
Uto
Hinokage
tsumi
Kagoshima
Nobeoka

Wahrscheinlich treffen Sie mit dem Shinkansen am Bahnhof Hakata von **Fukuoka** ❭ S. 127 ein. Von Kyoto braucht man ca. 3 Std.; es ist also nachmittags noch genügend Zeit für einen Stadtbummel. Je nach Interesse können Sie am nächsten Tag einen Ausflug nach ****Dazaifu** ❭ S. 128 machen, einen Ort mit uralter Geschichte, oder für die Weiterfahrt nach Nagasaki nicht den Express nehmen, sondern mit dem Bummelzug über die Keramikorte **Karatsu** und **Arita** ❭ S. 128 fahren.

Nagasaki ❭ S. 129 ist einen ganzen Besichtigungstag wert, schon wegen seiner schönen Lage in einer engen Meeresbucht. Von hier aus führt die Route über die ländliche **Shimabara-Halbinsel** ❭ S. 131 zur Fähre, mit der Sie rasch nach **Kumamoto** ❭ S. 131 gelangen.

Wer nicht noch einen weiteren Tag für einen Ausflug zum ****Aso-san** ❭ S. 134 Zeit hat, nimmt nach dem Besuch von Burg und Park den Expresszug zurück nach Fukuoka.

Einkaufsviertel Canal City, Fukuoka

Vulkane und heiße Quellen

⑬ **Kumamoto** ❭ **Aso-Kuju-Nationalpark** ❭ **Beppu**

Dauer: 3 Tage
Praktische Hinweise: Diese Tour kann gut im Anschluss an Tour 12 unternommen werden.

Kumamoto ❭ S. 131 ist zwar Präfekturhauptstadt, hat aber einen sympathisch provinziellen Charakter, in dem Sie abends problemlos ein nettes Esslokal finden werden. Anderntags geht es in den **Aso-Kuju-Nationalpark** ❭ S. 134. Mit dem Zug gelangt man in die Stadt Aso, von wo Busse zum Kraterrand hochfahren. Die Gegend ist voll von Thermalquellen mit gemütlichen Hotels und Ryokan, so dass nach Spaziergang oder Wanderung in der Mondlandschaft des Vulkans ein heißes Bad wartet.

Für die Weiterreise nach Beppu können Sie nun auf einer knapp dreistündigen Busfahrt quer durch die Insel die Bergwelt Kyushus kennenlernen oder die Strecke in zwei Stunden mit dem JR-Expresszug zurücklegen.

Beppu ❭ S. 135 ist ein sehr lebhafter Badeort, wo man nicht nur ins Wasser steigen, sondern sich auch am Strand bis zum Kopf in den heißen Sand eingraben lassen kann. Wer von hier aus die Rückreise nach Osaka antreten will, nimmt den JR-Sonic-Express nach Hakata, um dort in den Shinkansen umzusteigen.

Unterwegs auf Kyushu

Fukuoka 1

Um gleich jeder möglichen Verwirrung vorzubeugen: Der Shinkansen-Bahnhof von Fukuoka (1,4 Mio. Einw.) ist nach dem Stadtteil Hakata benannt, in dem er sich befindet. Daher wird man den Namen Fukuoka in den JR-Fahrplänen vergeblich suchen (einen Bahnhof Fukuoka-Tenjin betreibt allerdings die lokale Verkehrsgesellschaft Nishitetsu).

Die größte Stadt Kyushus ist heute eine der bedeutendsten Industrie- und Handelsstädte Japans, aber auch Sitz diverser Verwaltungseinrichtungen sowie zahlreicher renommierter Hochschulen. Fukuoka ist zudem ein wichtiges Zentrum japanischer Kultur und Geschichte. Es liegt in einem der ältesten Siedlungsgebiete, von dem aus sich früh fruchtbare Beziehungen zu Korea und China entwickelt haben. So kann man etwa im modernen **Stadtmuseum** *(Fukuoka-shi Hakubutsukan)* interessante Funde aus den prähistorischen Epochen begutachten (Di–So 9.30–17.30 Uhr, http://museum.city.fukuoka.jp).

Wenige hundert Meter nördlich des Bahnhofs Hakata steht der älteste Zen-Tempel Japans, der **Shofuku-ji.** Von Eisai, dem Patriarchen der Rinzai-Schule (❯ S. 35), 1195 nach seiner Rückkehr aus China gegründet, wurde er zum Geburtsort des japanischen Zen. Die Gebäude sind repräsentativ für die frühe Zen-Architektur; die aus der Gründungszeit stammende koreanische Bronzeglocke zeigt, was für eine enge Verbindung von Kyushu zum Festland bestand.

Westlich des Bahnhofs steht einer der ältesten Schreine Japans, der den Kami der Seeleute geweihte **Sumiyoshi-jinja.** Die Gebäude sind zwar Rekonstruktionen von 1623, wurden aber originalgetreu errichtet, sodass die altertümliche Pfahlkonstruktion *(Sumiyoshi-zukuri)* unverfälscht erhalten blieb. Der Schrein steht in einem Hain uralter Zedern und Kampferbäume, die für das milde Klima Kyushus charakteristisch sind.

Ein modernes architektonisches Highlight ist **Canal City,** ein innovativer Shopping- und Veranstaltungskomplex, dessen Name sich von dem vom Fluss abzweigenden Kanal ableitet. Dieser wird geschickt in die Anlage einbezogen. Vor allem abends ist hier der richtige Ort, um das urbane Treiben zu genießen und einen Happen zu essen (Info: www.canalcity.co.jp).

■ **Hotel Nikko**
2-18-25 Hakata-eki-mae
Fukuoka 812-0011
Tel. 4 82-11 11
www.hotelnikko-fukuoka.com
Haus mit gehobenem Standard, günstig am Bahnhof Hakata gelegen. Wer
abends nicht mehr ausgehen will, findet hier eine Auswahl guter Restaurants. ●●●

■ **Hakata Miyako Hotel**
2-1-1 Hakata-eki Higashi
Fukuoka 8 12-00 13
Tel. 441-3111
www.miyakohotels.ne.jp/hakata
Angenehmes, modernes Mittelklasse-
Hotel mit nettem japanischem Restau-
rant; im Zentrum. ●

Restaurants

Lokale Spezialität von Hakata ist
Ramen, die kräftige Nudelsuppe im
chinesischen Stil, die es zwar überall
im Land gibt, aber nirgends in solcher
Vielfalt wie hier. Besonders stylish serviert wird sie im Ramen Stadium in
Canal City (❯ S. 127).

Ausflüge ab Fukuoka

Dazaifu ❷

Mit der Nishitetsu-Linie kommt
man in ca. 30 Min. ab Bahnhof
Fukuoka-Tenjin in die Kleinstadt
Dazaifu. Die wichtigste Aufgabe
dieses alten Sitzes des kaiserlichen
Generalgouverneurs von Kyushu
(7.–14. Jh.) bestand in der Über-
wachung aller Verbindungen zum
Festland. Auf dem Gelände des
Kanzeon-ji werden in einem

modernen Bau die verbliebenen
Schätze des mehrfach zerstörten
Tempels aufbewahrt, darunter
eine 2,16 m hohe Skulptur des
Kisshoten aus dem 11. Jh.

Hauptsehenswürdigkeit Dazai-
fus ist jedoch der ****Tenman-gu**,
ein 905 gegründetes Shinto-Heiligtum. Hier wird der große
Gelehrte und Dichter Sugawara
no Michizane (845–903) verehrt,
der aufgrund einer Intrige vom
kaiserlichen Hof hierher verbannt
worden war. Als Gottheit *(Kami)*
hat er den Namen Tenjin erhalten.
Der Schrein ist eine beliebte Pil-
gerstätte für Schüler und Studen-
ten vor dem Examen. Man betritt
das Gelände durch ein großes
Bronze-Torii, hinter dem eine
Bogenbrücke im chinesischen Stil
zum inneren Schreinbezirk führt.
Mit ihrem weiß-roten Anstrich
und den weit geschwungenen
Reetdächern wirkt die gesamte
Anlage sehr einladend.

Die Töpferstädte

Statt von Fukuoka mit dem
Express nach Nagasaki zu fahren,
kann man auch die Lokalbahn-
route entlang der Nordküste nehmen. Die Strecke folgt einem Küstenstreifen, an dem im 13. Jh.
zwei Invasionsversuche der Mon-
golen erfolgreich mithilfe zweier
Taifune (daher der Name *Kami-
kaze* = Götterwind) abgewehrt
wurden. Reste des damals errichteten Verteidigungswalles sind
noch zu sehen.

In den beiden Töpferstädten
Karatsu ❸ und **Arita** ❹, deren
Ursprung auf die Ansiedlung

koreanischer Handwerker zurückgeht, finden Keramik- und Porzellan-Liebhaber Museen und eine Vielzahl von Werkstätten mit Boutiquen vor, in denen man nach äußerst qualitätvoller Ware, aber auch preiswerten, schönen Mitbringseln stöbern kann. Einen Rundgang planen können Sie mit dem Informationsmaterial, das vom jeweiligen Verkehrsbüro im Bahnhof bereitgehalten wird.

Nagasaki ⑤

Die alte Hafenstadt Nagasaki (460 000 Einw.) schmiegt sich in eine malerische, von steilen Anhöhen umrahmte Bucht ein, die 5 km ins Land hineinragt. Vor dem Ausgang ins offene Meer liegen schützend einige Inseln, sodass das breite und tiefe Hafenbecken vor Stürmen weitgehend sicher ist – ideale Voraussetzungen für den im letzten Drittel des 16. Jhs. aufkommenden Seehandel mit Portugal und Spanien. In der Folge breitete sich von hier aus auch die christliche, vor allem von Jesuiten betriebene Mission auf Kyushu aus. Als das Tokugawa-Shogunat Anfang des 17. Jhs. beschloss, das Christentum zu verbieten und Japan fast vollständig von äußeren Einflüssen abzuriegeln, legte man im Hafenbecken die künstliche Insel Dejima an, über die der verbleibende Handel mit Holland aufrechterhalten wurde.

Im Zweiten Weltkrieg wurde Nagasaki als Marinestützpunkt und Ersatzziel für die unter einer Wolkendecke verborgene Industriestadt Kokura (Nordkyushu) am 9. August 1945 Opfer des zweiten Atombombenangriffs. Die Zerstörungen waren gewaltig, über 100 000 Menschen fanden sofort oder durch die Strahlenkrankheit den Tod. Da Nagasaki über mehrere Hügel und Täler verteilt liegt, konnte sich die

Nagasaki erstreckt sich über Hügel und Täler

129

Druck- und Hitzewelle allerdings nicht so verheerend auswirken wie in dem flachen Gelände von Hiroshima (> S. 117).

Teramachi-Viertel

Nagasakis Lage an der engen Bucht ist einmalig. Besonders reizvoll ist ein Spaziergang durch das malerische Wohnviertel Teramachi, das zum Teil seinen edozeitlichen Charakter bewahrt hat.

Hier stehen auch zwei Zen-Tempel, die um 1620 von der seit Jahrhunderten ansässigen chinesischen Gemeinde erbaut wurden. Die Haupthalle des **Kofuku-ji** zeichnet sich durch ein mächtiges Ziegeldach mit stark nach oben gebogenen Ecken aus, der im Ming-Stil erbaute ***Sofuku-ji** durch seine elegante, etwas verspielte Architektur.

Nach dem schottischen Waffenhändler Thomas Glover (1838–1911) benannt ist der **Glover Garden** (Guraba-en), ein Ensemble mit den Häusern der ersten Europäer, die sich in den 1860er-Jahren in Nagasaki niederließen. Die Anlage ist sehr touristisch hergerichtet, aber schon wegen des herrlichen Blick auf Stadt und Meer trotzdem ein lohnendes Ziel.

Friedenspark

Der Bodennullpunkt der Atombombenexplosion befindet sich im nördlichen Stadtteil Urakami, heute ein lebhaftes Einkaufs- und Ausgehviertel. An das furchtbare Ereignis erinnern der **Friedenspark** (Heiwa-koen) mit seiner eigenwilligen, 10 m hohen Statue und das eindrucksvoll gestaltete **Atombombenmuseum** (tgl. 8.30–17.30 Uhr). Ein Mahnmal ist auch die wieder aufgebaute **Urakami-Kirche** mit ihren von der Explosion geschwärzten Heiligenstatuen.

Info

■ **Nagasaki TIC**
Im JR-Bahnhof Nagasaki
Tel. 8 23-36 31
www1.city.nagasaki.nagasaki.jp
■ Vorwahl Nagasaki: (0 95)

Hotels

■ **Hotel New Nagasaki**
14-5 Daikoku-machi
Nagasaki 850-0057
Tel. 8 26-80 00
www.newnaga.com
Ausgesprochen stilvolles Hotel am Bahnhof mit hellen Zimmern und ausgezeichnetem Restaurant. ●●●
■ **Hotel Monterey**
1-22 Oura-machi
Nagasaki 850-0918
Tel. 8 27-71 11
www.hotelmonterey.co.jp/eng
Spanisches Dekor herrscht in diesem sehr anständigen und preisgünstigen Haus vor. Unweit vom Glover Garden, gut erreichbar mit der Straßenbahn. ●

Restaurants

Shippoku Hamakatsu
6-50 Kajiya-machi
Tel. (0 95) 8 26-83 21
Shippoku-ryori nennt sich die eklektische, von der chinesischen und europäischen Tradition beeinflusste Küche der Stadt, die hier in modernem Ambiente zelebriert wird. ●●—●●●

Shimabara-Halbinsel 6

In der Mitte der Halbinsel erhebt sich der **Unzen** *(Unzen-dake)*, ein riesiger Schichtvulkan, der zu den aktivsten Vulkanen des Landes gehört. Gefährliche Eruptionen gab es zuletzt in der ersten Hälfte der 1990er-Jahre. Er liegt im Unzen-Amakusa-Nationalpark.

Die Bahnlinie führt um dieses Gebiet herum zur Hafenstadt Shimabara, die in der frühen Edo-Zeit Schauplatz grausamer Christenverfolgungen war. Von hier setzen Fähren nach Kumamoto über. Wer den Vulkan erkunden will, muss ab Nagasaki oder Isahaya den Bus in den Thermalbadeort **Unzen** nehmen, dort besteht Anschluss nach Shimabara.

Die Burg von Kumamoto

Hotel

Kyushu Hotel
320 Obama-cho, Unzen 854-0697
Tel. (09 57) 73-32 34
E-Mail: qshuyyk@alpha.ocn.ne.jp
Gediegenes, luxuriöses Ryokan mit fantastischem Blick auf die Vulkanlandschaft. Exzellentes Essen. ●●●

Kumamoto 7

Wie die meisten japanischen Orte ist die Hauptstadt der gleichnamigen Präfektur (670 000 Einw.) städtebaulich kein Schmuckstück. Dafür herrscht eine angenehm lebensfrohe Atmosphäre.

Hauptattraktion ist die ***Burg** *(Kumamoto-jo)*, ursprünglich Anfang des 17. Jhs. erbaut. Durch ihre exponierte Lage auf einem Hügel ist sie schon von Weitem sichtbar und mit ihren mächtigen Mauern eine der eindrucksvollsten Festungen Japans. Der majestätische, rekonstruierte Hauptturm ragt mit seinen schwarzen Holzverkleidungen und weißen Giebeln aus dem dichten, dunklen Grün riesiger Kampferbäume hervor. Man sieht der Anlage, die einst 49 Wach- und Verteidigungstürme sowie 47 Tore zählte, trotz der Reduzierung auf wenige Gebäude ihre einstige strategische Bedeutung noch heute an. Ein anschauliches Modell befindet sich im Turm. Die in rechten Winkeln und Kehren angelegten Zugangswege, die von hohen Mauern und Wällen gesäumt sind, ließen eindringenden Feinden keine Chance.

Eine Nation taucht ins heiße Wasser

Zu den unverzichtbaren Ritualen des japanischen Lebens gehört das tägliche abendliche Bad. In allen Dörfern und Stadtteilen wurden für die Anwohner bereits ab dem 9. Jh. *Sento,* öffentliche Badehäuser, eingerichtet. Zwar haben sie durch die modernen Wohnverhältnisse an Bedeutung verloren, doch findet man selbst in Tokyo noch immer *Sento*, in denen sich gegen Abend ganze Nachbarschaften treffen.

Erholung für Körper und Geist

Ob zu Hause oder im *Sento,* ob im großzügigen *Ofuro* (Badebecken) eines Ryokan oder in einem der prächtigen Großbäder in einem Thermalbadeort *(Onsen):* Ab fünf Uhr nachmittags zieht es Millionen Japaner ins heiße Wasser.

Ins Bad begibt man sich am besten mit dem leichten Yukata (Baumwollkimono) bekleidet und nimmt eines der kleinen Handtücher mit, die im Zimmer bereitliegen. Yukata und Wäsche lässt man im Vorraum zum Bad zurück, wo man flache Körbe, Regalfächer oder Schließfächer

Nicht verbrühen!

Mit oft über 40 °C erscheint das Wasser im Ofuro zunächst unerträglich heiß. Wenn man sich jedoch ganz langsam hineingleiten lässt und sich möglichst wenig bewegt, d.h. sich nicht immer wieder neues, heißes Wasser zufächert, ist das Bad bald erträglich und schließlich sogar äußerst genussvoll.

für seine Habseligkeiten vorfindet. Danach geht man, nur noch mit seinem kleinen Badetuch »bekleidet«, in den Baderaum, wo man sich, auf kleinen Hockern sitzend, gründlich von Kopf bis Fuß wäscht (Seife und Shampoo stehen zur Verfügung). Erst wenn der letzte Rest von Seife abgespült, ist darf man genüsslich ins heiße Wasser steigen. Übrigens: Heutzutage baden Männer und Frauen meist getrennt voneinander.

Erdbeben und heiße Quellen

Aufgrund des starken Vulkanismus und der tektonischen Störzonen wird Japan nicht nur häufig von Erdbeben heimgesucht. Die tektonische Lage beschert dem Land zugleich auch eine Vielzahl heißer Quellen, die heute in mehr als 12 000 Onsen genutzt werden. Dort, wo die heißen Quellen in besonders schöner Landschaft fließen, hat sich seit alters her ein blühendes Badeleben entwickelt. Von Tokyo aus gut erreichbar sind das Gebiet von **Hakone** in der Nähe des Fuji-san 〉 S. 77, die **Izu-Halbinsel** 〉 S. 78 und das Hinterland von **Nikko** 〉 S. 69; der größte und lebhafteste Badeort auf Kyushu ist **Beppu** 〉 S. 135.

■ **Mikawaya Ryokan**
503 Kowakudani, Ashigarashimo-gun, Hakone-machi 250-0406
Tel. (04 60) 82-22 31
www.hakone-mikawaya.com
Traditionelles Ryokan inmitten der herrlichen Bergwelt von Hakone mit mehreren stilvollen Bädern. Abends wird ein ausgezeichnetes Kaiseki-Menü (〉 S. 48) serviert. An Wochenenden unbedingt lange im Voraus buchen! ●●●

■ **Yunomori**
Yumoto Onsen, Nikko 321-1662
Tel. (02 88) 62-28 00
www.okunikko-yunomori.com
Ein ausgesprochen elegantes, modernes Ryokan mit allem modernen Komfort und hübschen privaten Badebecken, an heutigen Ansprüchen ausgerichtet. In der Gegend kann man auch gut wandern. Zu erreichen in ca. 90 Min. per Bus von Nikko. ●●●

■ **Suginoi Hotel**
1 Kankaiji, Beppu 874-0822
Tel. (09 77) 24-11 61
www.suginoi-hotel.com
Wo Kitsch und Tropenbäume blühen: Die strenge, höchst verfeinerte Ästhetik des Zen ist die eine Seite Japans, riesige Vergnügungszentren disneyschen Ausmaßes eine andere. Besten Anschauungsunterricht bietet dieses Luxushotel in Beppu: Das Anwesen beherbergt zahlreiche Thermalbäder, Schwimmbäder, Verkaufsgalerien und Restaurants sowie ein riesiges Dschungelbad, bei dessen Gestaltung die Architekten ihrer Liebe zu Farben, Formen und kulturellen Zitaten freien Raum lassen konnten. ●●●

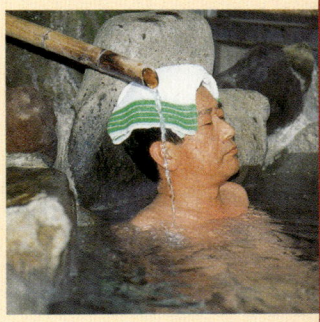

Südöstlich der Burg, am anderen Ende der Stadt (vom Zentrum 25 Min. mit der Straßenbahn), liegt ein schöner Landschaftsgarten, der im Auftrag des Daimyo Hosokawa 1632 angelegte *Suizenji-koen.

Die Parklandschaft mit See, künstlichen Inseln und Hügeln bildet in starker Stilisierung markante Sektionen der Tokaido-Straße zwischen Edo und Kyoto nach. Den besten Blick über die malerische Anlage hat man vom alten **Teehaus** (Kokin Denju) aus, das aus Kyoto hierher versetzt wurde

Info

■ **Kumamoto City TIC**
Im Hauptbahnhof
Tel. 3 52-37 43
www.manyou-kumamoto.jp
■ **Vorwahl Kumamoto: (0 96)**

Hotel

Maruko Hotel
11-10 Kamitori-cho
Kumamoto 860-0845
Tel. 3 53-12 41
www.japaneseguesthouses.com
Modernes Ryokan-Hotel mit Zimmern im japanischen Stil und mehreren originellen Gemeinschaftsbädern; auf Wunsch ist auch Halbpension möglich. ●●

Restaurants

In den zwei Einkaufspassagen im Stadtzentrum gibt es zahlreiche Restaurants: in der **Kamitori** die größeren und teureren, in der **Shimotori** und deren engen Nebenstraßen die interessanteren, meist auch billigeren.

Shopping

Hübsches traditionelles Spielzeug, darunter eine riesige Auswahl an Kreiseln, findet man im Laden des Kunstgewerbemuseums östlich der Burg (Kumamoto-ken Dento Kogeikan; Di–So 9–17 Uhr).

Ausflug nach Takachiho 8

In Kumamoto starten Expressbusse an diesen abgelegenen Ort, an dem die Mythen von der Entstehung Japans und der Sonnengöttin (> S. 136) lebendig werden.

In einsamer Berglandschaft, fernab von allem touristischen Trubel, wandert man an einem archaischen Schrein vorbei zu der Höhle, in der sich der Sage nach die Sonnengöttin Amaterasu verbarg und dadurch für lange Finsternis auf der Erde sorte. Idyllisch ist die Ruderboot-Fahrt durch die steile Schlucht des Bergflusses.

Hotel

Hotel Takachiho
1037-4 Mitai, Takachiho 882-1101
Tel. (09 82) 72-32 55, Fax 72-32 58
Origineller moderner Bau mit japanischen und westlichen Zimmern, mit Halbpension. ●●

12 Aso-Kuju-Nationalpark 9

Die heute von fruchtbarem Ackerland ausgefüllte Caldera des **Aso-san hat einen Umfang von 120 km und einen Durchmesser

Kyushu ist geprägt von Vulkanen wie hier im Aso-Kuju-Nationalpark

von bis zu 25 km. Er ist damit einer der größten Vulkankessel der Erde. Fünf Sekundärvulkane haben sich in ihm gebildet, davon ist der **Naka-dake** mit seinen 1506 m Höhe noch aktiv ist.

Das ganze Aso-Gebiet ist touristisch hervorragend erschlossen. Der Weg zum Kraterrand des Naka-dake ist sogar in regelmäßigen Abständen mit Betonunterständen für plötzliche Ausbrüche gesichert. Dank der zahlreichen heißen Quellen gibt es in der Region viele Onsen.

Ausgangspunkt für die Erkundung des Vulkans ist die wenig bemerkenswerte Kleinstadt **Aso,** die mit dem Zug in einer guten Stunde von Kumamoto erreicht wird. Von hier fahren Linienbusse zum Krater, das Fremdenverkehrsamt neben dem Bahnhof vermittelt Unterkünfte jeder Preislage.

Hotel

Sozankyo
145-1 Uchimaki, Aso 869-2301
Tel. (09 67) 32-05 15
sozankyo@aso.ne.jp
Freundliches, recht rustikales Ryokan im traditionellen Stil, 10 Min. per Taxi vom Bahnhof Aso entfernt. ●●

Beppu 🔟

Der beliebte Badeort Beppu (127 000 Einw.) mit seinen heißen Quellen und Thermalbädern ist traditionell ein Ziel von Hochzeitsreisen und Betriebsausflügen. Es gibt wohl kaum einen Ort auf Erden, an dem so viele heiße Quellen sprudeln, Tümpel kochen, Geysire aufbrausen und Erd- und Felsspalten heiße Dämpfe und Schwefelwolken ausstoßen wie hier. Da die Stadt um ihre Naturattraktionen und Thermalquellen herum wuchs und nicht

135

nach einem Bebauungsplan errichtet wurde, ist alles recht bunt durcheinander.

Man muss nicht alle der touristisch aufbereiteten vulkanischen Attraktionen, *Jigoku* (Höllen) genannt, gesehen haben, aber eine oder zwei sollte man schon besuchen. Vor allem aber kann man in Beppu hervorragend baden, sowohl im Hotel oder Ryokan, als auch in öffentlichen Onsen. Ein ungewöhnlicher Genuss ist ein »Bad« im durch die aus der Erde steigenden Dämpfe erhitzten Sand *(Suna-buro)*, in den man, nur in einen Leih-Yukata gewandet, bis zum Hals eingegraben wird.

Info

■ **Beppu City TIC**
Am Bahnhof Beppu
Tel. 23-11 19
www.city.beppu.oita.jp
■ **Vorwahl Beppu: (09 77)**

Hotels

■ **Suginoi Hotel**
❯ S. 133. ●●●
■ **Hotel Tsuruta**
1-14-15 Kitahama
Beppu 874-0920
Tel. 22-11 10
www.newtsuruta.com
Modernes Ryokan mit freundlichem Service. Vom Bad im obersten Stock blickt man übers Meer. ●●

Abkommen der Sonnengöttin

Kyushus immergrüne Gebirgslandschaften mit einsamen Schluchten, verwunschenen Höhlen und vulkanische Dämpfen haben die Entstehung zahlreicher Mythen gefördert. Eine dieser Geschichten ist eng mit dem Ursprung des Kaiserhauses verflochten.

Danach schuf das Urgötterpaar Izanagi und Izanami die japanischen Inseln, Berge, Flüsse, Götter und alles, was ist. Izanami starb bei der Geburt des Feuergottes an den ihr dabei zugefügten Verbrennungen. Als Izanagi seine Frau aus dem Totenreich zurückholen wollte, floh er entsetzt vor dem von Maden zerfressenen Dämon, zu dem sie geworden war. Während er sich anschließend von der als unrein geltenden Totenwelt reinigte, entstanden beim Waschen der Augen die Sonnengöttin Amaterasu und der Mondgott Tsukiyomi, beim Reinigen der Nase der Sturmgott Susa-no-o.

Für einige dieser Ereignisse existieren Orte auf Kyushu, mit denen man sie verbindet. So kann man in einer Schlucht bei Takachiho die Höhle sehen, in die sich die Sonnengöttin aus Verärgerung über ihren Bruder zurückgezogen haben soll. Susa-no-o wurde danach wegen seines wilden, zerstörerischen Wesens nach Izumo (❯ S. 117) verbannt. Amaterasus Enkel Ninigi stieg später mit den Insignien der Macht – Schwert, Edelstein und Spiegel – zur Erde und landete auf dem Berg Takachiho mitten in Kyushu. Sein Urenkel Jimmu eroberte von hier aus die Yamato-Ebene im Süden des heutige Kyoto und begründete im Jahr 660 v. Chr. das Yamato-Reich, von dem aus ganz Japan unterworfen wurde.

Infos von A–Z

Ärztliche Versorgung

Die medizinische Versorgung in Japan ist stets auf dem neuesten Stand, die Krankenhäuser sind hervorragend ausgestattet. Ein Englisch sprechender Arzt findet sich immer.

Auf jeden Fall sollte man vor Reiseantritt eine Reisekrankenversicherung inklusive Rücktransport bei medizinischer Notwendigkeit abschließen. Denken Sie daran, dass Medikamente anderswo oft andere Markennamen haben, und nehmen Sie mit, was Sie regelmäßig brauchen.

Behinderte

Im Umgang mit behinderten Menschen tut man sich in Japan oft noch recht schwer, es herrscht aber große Toleranz. Rollstuhlfahrer tun gut daran, das Gedränge im Berufsverkehr zu meiden.

Convenience Stores

kurz *Conbini* genannt, sind die an jeder Ecke zu findenden kleinen Supermärkte, wo es alles gibt, was man für den Alltag braucht, auch eine große Auswahl leckerer Snacks. Einige führen auch Alkohol. Sie sind fast rund um die Uhr geöffnet.

Diplomatische Vertretungen

Japanische Botschaften gibt es in Berlin, Wien und Bern, Generalkonsulate in Düsseldorf, Frankfurt/M., Hamburg, München und Genf.

■ **Deutsche Botschaft**
4-5-10 Minami-Azabu, Minato-ku, Tokyo 106-0047, Tel. (03) 57 91-77 00, www.tokyo.diplo.de

■ **Österreichische Botschaft**
1-1-20 Moto-Azabu, Minato-ku, Tokyo 106-0046, Tel. (03) 34 51-82 81, www.austria.or.jp

■ **Schweizerische Botschaft**
5-9-12 Minami-Azabu, Minato-ku, Tokyo 106-8589, Tel. (03) 54 49-84 00, www.eda.admin.ch/tokyo

Einladungen

Einladungen erfolgen relativ selten in die Privatwohnung, sondern eher in ein Restaurant. Bei einem Besuch zu Hause sind kleine Geschenke (z.B. Süßigkeiten) angebracht, jedoch kein Blumenstrauß. Mit dem letzten Schluck grünen Tees ist die Zusammenkunft beendet, dann wird es Zeit, dass man selbst zum Aufbruch mahnt.

Einreisebestimmungen

Deutsche, Österreicher und Schweizer benötigen lediglich einen gültigen Reisepass, sofern der Aufenthalt drei Monate nicht überschreitet und nicht beruflich begründet ist. Wer länger bleibt, muss sich polizeilich melden.

Elektrizität

Das Netz liefert 100 Volt/50 Hertz, in Westjapan meist 60 Hertz. Stecker und Steckdosen entsprechen der US-Norm, Adapter sind erhältlich.

Fahrradfahren

In kleineren Städten, aber auch in Kyoto, macht es Spaß, zum Sightseeing aufs Mietfahrrad zu steigen. Infos beim örtlichen Verkehrsamt und unter www.japancycling.org.

Feiertage

1. Januar: Neujahrstag *(Ganjitsu)*; 2. Mo im Januar: Tag des Erwachsenwerdens *(Seijin-no-hi)*; 11. Februar: Tag der Staatsgründung *(Kenkoku-kinenbi)*; um den 21. März: Frühlingsanfang *(Shunbun-no-hi)*; 29. April: Showa-Tag *(Sho-*

Gion-Fest in Narita (bei Tokyo)

wa-no-hi); 3. Mai: Tag der Verfassung (Kempo-kinenbi); 4. Mai: Tag der Umwelt (Midori-no-hi); 5. Mai: Tag des Kindes (Kodomo-no-hi); 3. Mo im Juli: Tag des Meeres (Umi-no-hi); 3. Mo im September: Tag der Ehrerbietung für die Älteren (Keiro-no-hi); um den 23. September: Herbstanfang (Shubun-no-hi); 2. Mo im Oktober: Tag des Sports (Taiiku-no-hi); 3. November: Tag der Kultur (Bunka-no-hi); 23. November: Arbeitsdanktag (Kinro-kansha-no-hi); 23. Dezember: Geburtstag des Kaisers (Tenno-tanjobi).

Fällt ein Feiertag auf einen Sonntag, ist der darauf folgende Montag frei. Die Maifeiertage werden gewöhnlich mit dem nächstliegenden Wochenende zu einem Kurzurlaub verbunden, der Golden Week. Zu Jahresbeginn (30. Dez.–5. Jan.) sowie um das buddhistische Allerseelenfest (O-bon, ca. 14.–16. Aug.) sind Ämter, Büros, Geschäfte und Restaurants zum Teil geschlossen. Wie in der Golden Week

sind Züge und Hotels dann vielfach ausgebucht.

Geld und Devisen

Die japanische Währung ist der Yen. Es gibt Münzen zu 1, 5, 10, 50, 100 und 500 Yen und Banknoten zu 1000, 2000, 5000 und 10000 Yen. Es ist nicht teurer, sich bereits im Heimatland einen gewissen Betrag zu besorgen. In Japan eine zum Umtausch berechtigte Bankfiliale zu finden, ist nicht ganz einfach. Reiseschecks mitzunehmen, ist nicht mehr nötig, da an den Geldautomaten aller Postämter, mancher Banken sowie der 7-Eleven-Supermärkte mit der heimischen Geldkarte (mit Maestro-Zeichen) sowie teils auch mit der Visa-Card Bargeld abgehoben werden kann.

Gängige Kreditkarten wie Visa, Eurocard/Mastercard und American Express werden in besseren Hotels, Restaurants, Geschäften, Kaufhäusern sowie Autovermietungen akzeptiert.

Ansonsten wird in Japan immer noch meist bar bezahlt, weshalb man eine ausreichende Summe mitführen sollte. Devisen können unbegrenzt eingeführt, aber nur in Höhe von 5 Mio. Yen ausgeführt werden.

Impfungen

Über den Grundimpfschutz (Tetanus, Diphtherie, evtl. Hepatitis) hinaus sind für Japan keine weiteren Impfungen erforderlich.

Informationen

Die **Japan National Tourist Organization (JNTO)**, in Deutschland als Japanische Fremdenverkehrszentrale tätig, hält nützliches Informationsmaterial bereit – vom Hotelverzeichnis bis zu Veranstaltungstipps. Auch regionale Broschüren liegen vor.

■ **Japanische Fremdenverkehrszentrale**
Kaiserstr. 11

60311 Frankfurt/Main
Tel. (0 69) 2 03 53 (9–12.30 Uhr)
www.jnto.de, E-Mail: fra@jnto.de
Ausführlicher als die deutsche Fassung ist die englischsprachige Website www.jnto.go.jp.

In Japan selbst betreibt die JNTO vier **Tourist Information Centers (TIC)** in Tokyo sowie den Flughäfen Narita und Kansai (> S. 57 bzw. S. 87) Ein englischsprachiger Service gibt telefonisch Hilfestellung bei Problemen vor Ort: Tel. (03) 32 01-33 31 (tgl. 9–17 Uhr).

Die Fremdenverkehrsämter der einzelnen Städte, meist ebenfalls TIC genannt, befinden sich normalerweise im oder gleich neben dem jeweils größten Bahnhof. In kleineren Orten helfen sie auch bei der Zimmervermittlung.

Kleidung

Trotz des oft sehr förmlichen Verhaltens wird auf formelle Kleidung kaum Wert gelegt. Auch Theater- und Konzertaufführungen werden in Straßenkleidung besucht. Regenschutz ist zu allen Jahreszeiten angebracht.

Notruf

■ **Polizei:** Tel. 110;
■ **Feuerwehr/Notarzt:** Tel. 119; von öffentlichen Telefonzellen ohne Geldeinwurf erreichbar.

Öffnungszeiten

■ **Banken:** Mo–Fr 9–15, am ersten und letzten Sa des Monats 9–12 Uhr.
■ **Postämter:** Mo–Fr 9–17/19, Sa 9–15/17 Uhr (nur große Ämter).
■ **Kaufhäuser:** tgl. 10–19/20, an 2–3 Wochentagen im Monat (unterschiedlich) geschlossen.
■ **Geschäfte:** tgl. 9/10–20/21 Uhr, So teils geschlossen.
■ **Restaurants:** mittags 11–14, abends 17–21/22 Uhr.
■ **Museen:** 9/10–16/17 Uhr; Mo meist geschlossen.

■ **Tempel, Schreine** (soweit nicht frei zugänglich): tgl. 9–17 Uhr.

Porto

Nach Mitteleuropa kostet eine Postkarte 70 Yen, innerhalb Japans 50 Yen. Das Briefporto beträgt nach Europa 110 Yen (bis 25 g), in Japan 80 Yen.

Presse

Die beste der drei englischsprachigen Tageszeitungen (neben der *Daily Yomiuri* und den *Asahi Evening News*) ist die *Japan Times*, die auch eine sehr informative Website betreibt (www.japantimes.co.jp).

Gut gemacht ist auch das alle paar Monate erscheinende, ebenfalls englischsprachige Magazin *Tokyo Journal*, das auf seiner Website aktuelle Informationen bringt (www.tokyo.to).

Schließfächer

heißen auf Japanisch *Koin-lokka* (Coin Locker) und finden sich an allen größeren und vielen kleineren Bahnhöfen. Wer sie fürs Reisegepäck benutzen will, sollte auf sperrige Koffer verzichten.

Sicherheit

Japan gilt als eines der sichersten Reiseländer der Welt, vom Problem der organisierten Kriminalität *(Yakuza)* sind Touristen nicht betroffen. Deshalb ist es auch kein Problem, größere Geldbeträge mitzuführen. Besondere Wertgegenstände kann man bei der Rezeption zur Aufbewahrung abgeben.

Souvenirs

In Japan gibt es eine Fülle schöner Volkskunst *(Mingei)*, aber auch sehr feine, elegante Gebrauchs- und Ziergegenstände sowie traditionelle Spielsachen aus verschiedensten Materialien: Keramik, lackiertes Holz, Papiermaché, Metall. Alle Warenhäuser haben entsprechende Spezialabteilungen, und auch in den Shoppingmeilen touristisch interessanter Städte hat man eine große Auswahl.

Telefon und Internet

Öffentliche Telefone sind meist ohne Zelle frei installiert. Telefonkarten sind in Supermärkten sowie an Automaten erhältlich. Am preisgünstigsten telefoniert man zwischen 23 und 8 Uhr.

Auslandsgespräche sind von allen Apparaten mit entsprechender Kennzeichnung möglich. Vor der Landesvorwahl (Deutschland 49, Österreich 43, Schweiz 41) muss die Vorwahl einer der folgenden Telefongesellschaften eingegeben werden: 0 01 (KDD), 00 61 (IDC), 00 33 (NTT) oder 00 41 (NT), also z.B. für die Schweiz 0 01-41. Für Telefonate vom Hotelzimmer aus wird meist nur ein moderater Zuschlag erhoben.

Mobilfunk: Aufgrund des unterschiedlichen Standards funktionieren die meisten europäischen Handys in Japan nicht; falls doch, sind die Gespräche unmäßig teuer. Besser ist es, sich gleich am Flughafen ein japanisches Mobiltelefon zu mieten. Das umfangreichste Angebot hat Softbank (www. softbank-rental.jp).

Steht im Hotel kein **Internet**-Zugang bereit, weiß die Rezeption Bescheid über das nächste Internet-Café, oft eine Filiale der Firma Kinko's.

Toiletten

In allen westlichen Hotels, aber auch in den meisten Restaurants, Bahnhöfen und öffentlichen WCs findet man inzwischen Toilettenschüsseln nach westlicher Art.

Japanische WCs bestehen aus länglich-ovalen Bodenmuscheln, über denen man, den Blick zur Spülung gerichtet, eine hockende Stellung einnimmt. Hat man im Lokal oder Ryokan die Schuhe ausgezogen, so stehen in den Toiletten extra Schlappen bereit.

Trinkgelder

sind in Japan unüblich.

Visitenkarten

spielen in Japan eine große Rolle, um den Namen des Gesprächspartners richtig zu verstehen. Außerdem wird man so über dessen Rang und Funktion informiert, was für die Auswahl der richtigen Sprachebene (formell, vertraulich) von Bedeutung ist.

Zeit

Die Zeitverschiebung zwischen Japan und Mitteleuropa (MEZ) beträgt +8 Std., während der europäischen Sommerzeit +7 Std.

Zollbestimmungen

Auf persönliches Reisegepäck wird kein Zoll erhoben, sofern es dem zuständigen Beamten nach Menge und Inhalt angemessen erscheint. Zollfrei eingeführt werden dürfen von über 20jährigen Personen: 500 g Tabak oder 400 Zigaretten oder 100 Zigarren, 3 Flaschen Spirituosen, 56 ml Parfüm, sonstige Waren bis zu einem Marktwert von 200 000 Yen.

Für die Wiedereinreise ins Heimatland sollte man beachten, dass Geschenke einen Wert von 430 € bzw. 300 CHF nicht übersteigen dürfen.

Urlaubskasse	
Tasse Kaffee	3,50 €
Softdrink (am Automaten)	1 €
Kleines Bier (0,33 l)	4,20 €
Nudelgericht	5 €
Kleines Eis	1,60 €
Taxifahrt (Kurzstrecke, 5 km)	13 €
Mietwagen pro Tag	65 €
1 l Superbenzin	1,10 €

Register

Bildnachweis

alamy/Marco Betti: U2-Top12-05; alamy/JTB Photo Communications: U2-Top12-12, 100, 126; alamy/B.O.Kane: U2-Top12-09; Bildagentur Huber/Orient: 9, 32, 123; Bildagentur Huber/picturefinders: 50; Bildagentur Huber/Puku: U2-Top12-01; Bildagentur Huber/Sato: 6; Fotolia.com/1911: U2-Top12-07, 97; Fotolia.com/ Craig Henson: U2-Top12-04; Fotolia.com/ Justin Lancaster: U2-Top12-11; Fotolia.com/Olga Lyubkina: 2-2; Fotolia.com/saputraoka: 2-3; Johannes Frangenberg: 30, 62, 65, 69, 74, 75, 84, 94, 98, 103; Rainer Hackenberg: 35, 59, 70, 89, 92, 93, 104, 115, 116, 133, 135; Norbert Hormuth: 131; Günther Lahr: 138; laif/ Peter Blakely/Redux: 105; laif/hemis: U2-Top12-03, 52, 118; laif/Le Figaro Magazine: U2-Top12-06, 1, 5, 83; laif/Moleres: 21; laif/Kohlbecher: 132; laif/Kirchgessner: 14, 24, 43, 66; laif/REA: 2-1, 129; laif/Dagmar Schwelle: 20; laif/Zenit/Boening: 18; LOOK-foto/age fotostock: U2-Top12-08, U2-Top12-10, 76, 101, 121; LOOK-foto/Michael Boyny: 81; LOOK-foto/ Erwin Flieger: 73; mauritius-images/Danita Delimont: 110; Mauritius-images/John Warburton-Lee: U2-Top12-02; Erhard Pansegrau: 40, 48, 109; Photopress/Rainer Hackenberg: 108; Julia Ressel: 107; via/Franz-Josef Krücker: 44.

Polyglott im Internet: www.polyglott.de

Impressum

Wir freuen uns, dass Sie sich für einen Reiseführer aus dem Polyglott-Programm entschieden haben. Auch wenn alle Informationen aus zuverlässigen Quellen stammen und sorgfältig geprüft sind, lassen sich Fehler nie ganz ausschließen. Wir bitten um Verständnis, dass der Verlag dafür keine Haftung übernehmen kann. Ihre Hinweise und Anregungen sind uns wichtig und helfen uns, die Reiseführer ständig weiter zu verbessern. Bitte schreiben Sie uns:

Polyglott Verlag, Redaktion, Postfach 40 11 20, 80711 München, redaktion@polyglott.de

Wir wünschen Ihnen eine gelungene Reise!

Bei Interesse an Anzeigenschaltung wenden Sie sich bitte an:
Langenscheidt KG, Herrn Lachmann
Tel.: 089/3 60 96-438, E-Mail: m.lachmann@langenscheidt.de

Herausgeber: Polyglott-Redaktion
Autoren: Dr. Norbert Hormuth und Dr. Bernhard Kleinschmidt
Redaktion: Werkstatt München • Buchproduktion
Lektorat: Martin Waller
Bildredaktion: Ulrich Reißer und Anja Dengler
Layout: Ute Weber, Geretsried
Titeldesign-Konzept: Studio Schübel Werbeagentur GmbH, München
Karten und Pläne: Huber-Kartographie, Polyglott-Kartographie
Satz: Anja Dengler
Druck: Himmer AG, Augsburg
Bindung: »Butterfly«-Bindeverfahren zum Patent angemeldet durch
Kolibri Industrielle Buchbinderei GmbH 2008

© 2009 by Polyglott Verlag GmbH, München
Printed in Germany
Dieses Buch wurde auf chlorfrei gebleichtem Papier gedruckt.
ISBN 978-3-493-55778-7

Langenscheidt Mini-Dolmetscher

Allgemeines

Guten Tag	こんにちは [konn·nitschi wa]
Guten Morgen	おはようございます [ohajoh gosaimass]
Guten Abend	今晩は [kombann wa]
Wie geht's?	お元気ですか [ogennki dess ka]
Danke gut.	おかげさまで元気です [ockagessama de gennki dess]
Ich heiße ...	... と申します [... to mohschimass]
Auf Wiedersehen.	さようなら [Bajohnala]
Morgen	午前 [gosen]
Nachmittag	午後 [gogo]
Abend	晩 [bann]
Nacht	夜中 [jonnaka]
morgen	明日 [aschta]
heute	今日 [kjoh]
gestern	昨日 [kinnoh]
Sprechen Sie Deutsch?	ドイツ語がわかりますか [deutzgo ga wakali masska]
Wie bitte?	え？何と言われましたか [e? nannto iwalemaschta ka]
Ich verstehe nicht.	わかりません [wackalimassen]
Sagen Sie es bitte nochmals.	もう一度言って下さい [moh itschido itte kudassai]
..., bitte.	... をお願いします [... o onnegai schimass]
danke	ありがとう [aligatoh]
Keine Ursache.	どういたしまして [doh·itaschimaschte]
was / wer / welcher	何 / 誰 / どれ [nanni / dalle / dolle]
wo / wohin	どこ / どこへ [docko / docko·e]
wie / wie viel	どう / どのくらい [doh / donno kla·i]
wann / wie lange	いつ / どのくらい [itsu / donno kla·i]
Warum?	なぜ [nadse]
Wie heißt das?	それは何と言いますか [Bolle wa nannto i·imass ka]
Wo ist ...?	... はどこですか？ [... wa docko dess ka]
Können Sie mir helfen?	ちょっとお願いしても いいですか [tschotto onnegai schtemo i·i dess ka]
ja	はい [hai]
nein	いいえ [ihe]
Entschuldigen Sie.	すみません [Bummi·massen]
Das macht nichts.	構いません [kammai·massen]

Sightseeing

Gibt es hier eine Touristeninformation?	ここに観光案内所はありますか [kocko ni kannkoh ann·naischo wa allimass ka]
Haben Sie einen Stadtplan (ein Hotelverzeichnis)?	市街地図 / 宿泊リストはありますか [schiggai·tschidsu (schku·hak lissto) wa allimass ka]
Wann ist ... geöffnet?	... は何時から何時まで開いていますか [... wa nann·dschi kalla nann·dschi madde aite imass ka]
das Museum	博物館 [hackubutskann]
der Tempel	寺 [tella]
der Schrein	神社 [dschinn·dscha]
die Ausstellung	展示会 [tenn·dschikai]

Shopping

Wo gibt es ...?	... はどこですか [... wa docko dess ka]
Wie viel kostet das?	これはいくらですか [kolle wa ickulla dess ka]
Das ist zu teuer.	安くなりませんか [jassuku·nallimassen ka]
Das gefällt mir / gefällt mir nicht.	気に入りました / 気に入りません [ki ni illimaschta / ki ni illimassen]
Gibt es das in einer anderen Farbe?	色違いはありますか [illo·tschigai wa allimass ka]
Gibt es das in einer anderen Größe?	違うサイズはありますか [tschiga·u Baidsu wa allimass ka]
Ich nehme es.	これを下さい [kolle o kudassai]
Wo gibt es hier eine Bank?	銀行はどこですか [ginkoh wa docko dess ka]
Wo kann ich Geld wechseln?	両替したいのですが [ljohga·e schita·i no dess ga]
Geben Sie mir fünf Stück ...	... を五個下さい [... o gocko kudassai]